T0418098

Quintessenz-Reihe

Reihenherausgeber

Prof. Dr. Nils Bickhoff
Quintessential Strategies, Hamburg
bickhoff@quintessential-strategies.de
www.quintessential-strategies.de

Weitere Publikationen in der Quintessenz-Reihe

N. Bickhoff
Quintessenz des
strategischen Managements
vii, 136 Seiten, 1. Aufl. 2008,
Korr. Nachdruck, 2009
ISBN 978-3-540-79371-7

R. G. Poluha
Quintessenz des
Supply Chain Managements
xvi, 176 Seiten, 2010
ISBN 978-3-642-01583-0

Eva Salzer
Quintessenz der
Unternehmenskommunikation
xi, 127 Seiten, 2011
ISBN 978-3-642-21688-6

Eva Salzer

Quintessenz der Unternehmenskommunikation

Wie Sie Ihre Ziele im Dialog mit Ihren Stakeholdern besser erreichen können

Dr. Eva Salzer
EVA SALZER Strategy & Communications
Körnerstraße 5
60322 Frankfurt am Main
Deutschland
es@evasalzer.de

ISSN 1869-6414 e-ISSN 1869-6422
ISBN 978-3-642-21688-6 e-ISBN 978-3-642-21689-3
DOI 10.1007/978-3-642-21689-3
Springer Heidelberg Dordrecht London New York

Die Deutsche Nationalbibliothek verzeichnet diese Publikation in der Deutschen Nationalbibliografie; detaillierte bibliografische Daten sind im Internet über http://dnb.d-nb.de abrufbar.

Einbandentwurf: WMXDesign GmbH, Heidelberg

Gedruckt auf säurefreiem Papier

Springer ist Teil der Fachverlagsgruppe Springer Science+Business Media (www.springer.com)

Inhalt

Abbildungen

Einstieg: Turning strategy into action

In ihrem Vorwort zum „Handbuch der Unternehmenskommunikation“ stellen die Herausgeber Manfred Piwinger und Ansgar Zerfaß fest: „Unternehmensführung ist heute mehr denn je auf professionelle Kommunikation angewiesen.“[1] Seit den 1990er-Jahren haben sich der Kommunikationsbegriff und damit die Disziplin der Public Relations (PR) in großen Schritten zu einer integrierten Unternehmenskommunikation (UK) weiterentwickelt. Das Ergebnis dieses Prozesses ist, dass Kommunikation heute beinahe selbstverständlich als ein Instrument der Unternehmensführung betrachtet wird, denn eine professionelle Kommunikationsarbeit im Unternehmen unterstützt die Umsetzung der Strategie.

Erfolgreiche Unternehmenslenker und insbesondere die jüngere Generation der Führungskräfte haben längst verstanden, dass sie ihre Ziele ohne eine professionelle Vermittlung an die entsprechenden Stakeholdergruppen gar nicht – oder nur mit sehr hohem Aufwand – erreichen können. Anderen Entscheidern wird die tatsächliche Bedeutung von Kommunikation für ihr eigenes Geschäft erst durch externe Impulse klar – nämlich dann, wenn regulative Verschärfungen drohen, eine Fusion oder Übernahme ansteht, das Unternehmen restrukturiert werden muss, neue Marktgegebenheiten oder neue Wettbewerber auftreten, sich das Image des Unternehmens deutlich verschlechtert oder eine plötzliche Krise eintritt.

Vor diesem Hintergrund soll im vorliegenden Band die „Quintessenz der Unternehmenskommunikation“ dargestellt werden – auch und gerade für Entscheider, die sich nicht jeden Tag mit diesem Thema auseinandersetzen. Dabei sollen zwei zentrale Aspekte behandelt werden: zum einen die wichtigen Fragen, die das Management der Kommunikationsfunktion im Unternehmen betreffen, und zum anderen die nicht minder wichtige inhaltliche Ebene der Kommunikationsaufgabe im Hinblick auf konzeptionelle und methodische Aspekte.

---

[1] Piwinger/Zerfaß (2007), S. 1.

Im Rahmen meiner Tätigkeit als Unternehmensberaterin mit dem Schwerpunkt Unternehmenskommunikation habe ich in den letzten 15 Jahren die Evolution dieser Disziplin in vielen Unternehmen mitgestalten dürfen und dabei Einsichten gewonnen, die ich als Dozentin an viele Jahrgänge von Studierenden vermittelt habe.

Ihnen, sehr geehrte Leser, möchte ich mit diesem Band Teile meines Wissens nachvollziehbar und kompakt zur Verfügung stellen. Ich möchte Sie von den Potenzialen überzeugen, die sich aus einer professionell gestalteten Unternehmenskommunikation ergeben, und Sie dazu anregen, die Kommunikationsarbeit in Ihrem Unternehmen immer wieder kritisch zu hinterfragen.

Nach der Lektüre dieses Buches werden Sie

- ein Grundverständnis für Unternehmenskommunikation und für die strategische Bedeutung dieser Disziplin haben,
- die wichtigsten Teildisziplinen und Instrumente der Unternehmenskommunikation kennen,
- Einblicke in aktuelle Herausforderungen und Lösungsansätze für die Gestaltung der Unternehmenskommunikation bekommen haben,
- die eigene Unternehmenskommunikation anhand von acht Fragen auf den Prüfstand stellen können.

Natürlich lässt sich eine gute Unternehmenskommunikation nicht allein durch einen Leitfaden gestalten. Sie erfordert mehr: eine sorgfältige Analyse der Ausgangssituation, eine klare Zielsetzung und intelligente Strategien, kreative Ansätze zur Gestaltung einzelner Kommunikationsmaßnahmen sowie das Gespür für das, was machbar ist – und was nicht. Entscheidend ist aber vor allem die Unterstützung durch die Unternehmensleitung, die den Nutzen der Unternehmenskommunikation für sich und die eigene Organisation erkennen und eine transparente und aktive Kommunikationsarbeit unterstützen sollte.

1 Man kann nicht *nicht* kommunizieren!

Das wohl bekannteste Axiom aus der Kommunikationstheorie stammt von Paul Watzlawick und lautet: „Man kann nicht *nicht* kommunizieren."[2] Es bezieht sich streng genommen auf das Verhalten bzw. die Interaktion zweier Personen, also auf die persönliche Kommunikation. Durch eine sich immer schneller wandelnde und immer stärker vernetzte Umwelt sind Unternehmen heute mehr denn je gefordert, mit ihren Stakeholdern zu interagieren. Daher lässt sich das Watzlawick'sche Axiom auch auf Institutionen übertragen: Unternehmen können heute nicht mehr *nicht* kommunizieren!

Das erste Kapitel dieses Bandes vermittelt die wichtigsten Grundlagen der Unternehmenskommunikation: die sich verändernden Rahmenbedingungen, unter denen die Unternehmenskommunikation heute agiert, und die unterschiedlichen theoretischen Richtungen, die wichtige Erklärungs- und Erkenntnisbeiträge liefern können. Zudem sollen eine Begriffsdefinition und die Darstellung der einzelnen Teildisziplinen das Verständnis der weiteren Ausführungen erleichtern.

1.1 Rahmenbedingungen der Unternehmenskommunikation

Wichtige Gestaltungsrichtlinien für die Unternehmenskommunikation werden aus der Betrachtung der Unternehmensumwelt deutlich. Diese bezieht sich auf Einflüsse, die nicht kontrollierbar und nur sehr schwer zu beeinflussen sind, nämlich ökonomische, technologische, politisch-rechtliche und gesellschaftliche Einflussfaktoren.

[2] Vgl. Watzlawick/Beavin/Jackson (1969), S. 53.

1.1.1 Ökonomisches Umfeld

Das Wirtschaftssystem und die Wettbewerbsintensität haben einen erheblichen Einfluss darauf, wie Unternehmenskommunikation gestaltet werden sollte. Mit dem Fall des Eisernen Vorhangs beschleunigte sich die Internationalisierung und Globalisierung der Märkte. Durch diese Globalisierung sind die Unternehmen gefordert, ihre Kommunikationsaktivitäten anzupassen: Die zentralen Botschaften müssen in allen Märkten vermittelt und die dafür notwendigen Prozesse international gesteuert werden.

Während in den Schwellenländern weiterhin Wachstum möglich ist, kämpfen die Unternehmen in etablierten Märkten mit fortschreitender Konsolidierung. Der sich verschärfende Wettbewerbsdruck führt unter anderem zu Standortverlagerungen und zu einer zunehmenden Aktivität im Bereich Fusionen und Übernahmen (*Mergers & Akquisitions*/M&A).

Durch große – oder dicht aufeinander folgende kleinere – Transaktionen wandeln sich viele Unternehmen rapide. In Literatur und Praxis herrscht Einigkeit darüber, dass professionelles Kommunikationsmanagement ein zentraler Erfolgsfaktor für diese Transaktionen ist. Es gibt sogar Hinweise darauf, dass eine fehlerhafte oder eine überhaupt nicht stattfindende Kommunikation zu einem *Dealbreaker* werden kann. Bei diesen Veränderungsprozessen im Unternehmen muss deshalb neben Synergiepotenzialen, Prozessdesign oder IT-Landschaften auch die kommunikative Komponente berücksichtigt werden. Denn jede Transaktion führt zunächst zu einer Verunsicherung der wichtigen Stakeholdergruppen wie den eigenen Mitarbeitern, Kunden und Aktionären. Auch hat jede Transaktion nachhaltige Effekte nach innen und außen: So besteht intern die Gefahr, dass die Unternehmenskultur verwässert wird. Das muss verhindert werden, denn der Verlust einer starken Unternehmenskultur bedeutet den Wegfall eines zentralen – wenngleich weichen – Erfolgsfaktors. Extern muss sich das Unternehmen im Zuge einer Transaktion klar am Markt und im Wettbewerb positionieren, um zu verhindern, dass Kunden abwandern und der Aktienkurs einbricht.

Die Absatzmärkte sind weiterhin durch immer kürzer werdende Produktlebenszyklen und eine Ausweitung der Produktpalette gekennzeichnet: Neue und zunehmend komplexere Produkte gelangen in immer kürzeren Abständen auf den Markt. Das führt zu einer deutlich engeren Taktung der Unternehmenskommunikation, die Produktneueinführungen durch zielgerichtete Kommunikationsaktivitäten weltweit begleitet.

1.1.2 Technologisches Umfeld

Die Digitalisierung führt zu einem grundlegenden Wandel der Mediengesellschaft. Der technologische Fortschritt ist ein wesentlicher Treiber der Weiterentwicklung von Kommunikationskanälen. Er eröffnet nicht nur Kanäle wie das Internet, sondern führt aufgrund der Interaktionsmöglichkeit zu neuartigen Kommunikationsnetzwerken im Web 2.0. Dadurch wird die allgemeine Informationsüberflutung (*Information Overload*), der wir bereits heute ausgesetzt sind, weiter verstärkt.

Auch wird die bisherige Trennung zwischen Produzent und Rezipient der Kommunikationsinhalte aufgehoben, und Empfänger der Botschaften können zugleich zu deren Sendern werden. Die traditionelle Funktion der Journalisten als *Gatekeeper*[3] weicht in der digitalen Mediengesellschaft auf: Rezipienten werden zu Produzenten, und die öffentliche Debatte wird zunehmend nicht mehr allein durch Journalisten beeinflusst, sondern jeder kann sich an der Meinungsbildung im Internet beteiligen. Dies beinhaltet eine hohe Sprengkraft, denn die Vorteile der digitalen Kanäle – eine hohe Reichweite, die Schnelligkeit der Informationsverbreitung und Transparenz – beinhalten zugleich auch hohe Risiken.

---

[3] Das Gatekeeper-Konzept aus der Kommunikationsforschung beinhaltet Selektionsvorgänge auf der Senderseite, etwa die Auswahl von als kommunikationswürdig erachteten Themen durch Journalisten.

Die Herausforderung für die Unternehmenskommunikation liegt daher heute im Umgang mit dem Verlust der Kommunikationshoheit im Netz. Denn der Präsenz kann sich kein Unternehmen verweigern: Facebook-Gruppen, Blogs oder Kundenmeinungen in Bewertungsportalen sind unvermeidlich – auch dann, wenn sich das Unternehmen selbst nicht aktiv beteiligt. Auch können diese Entwicklungen zu einer Veränderung der Kommunikationskultur innerhalb des Unternehmens führen: Die Geschäftsleitung bloggt zum Beispiel im Intranet, und Mitarbeiter können Kommentare hinterlassen. Dass auf diese Weise ein offener Dialog entstehen kann, bleibt allerdings aus heutiger Sicht anzuzweifeln. Denn es ist fraglich, ob die Kultur vieler Unternehmen überhaupt bereit ist für den Einsatz von *Social Media*. Dass aber diejenigen Unternehmen, die die neuen Kommunikationskanäle richtig einsetzen, gerade die jüngeren Stakeholder besser erreichen können und eine bessere Reputation haben, wird mittlerweile in den meisten Unternehmen verstanden und bei der Entwicklung der Kommunikationsstrategie berücksichtigt.

1.1.3 Politisch-rechtliches Umfeld

Politisch-rechtliche Faktoren beziehen sich auf Einflüsse aus Politik und Gesetzgebung. Ein übergeordneter Faktor ist hier der Grad der Presse- und Meinungsfreiheit. Mediensysteme, die unabhängig von staatlichen Interessen und frei von Zensur funktionieren, sind ein Grundpfeiler unseres Demokratieverständnisses. Vor diesem Hintergrund muss insbesondere das Zusammenspiel zwischen Public Relations (PR) und Journalismus, das in den relevanten Kodizes des PR-Berufsstandes[4] geregelt ist, immer wieder kritisch hinterfragt werden. Analog zum Werberat der Werbeindustrie wacht der Deutsche Presserat als höchste Instanz über die Einhaltung der Kodizes und Verhaltensrichtlinien.

---

[4] Hier sind etwa der *Code d'Athenes* und der *Code de Lisbonne* zu nennen.

In einzelnen Teildisziplinen der Unternehmenskommunikation existiert eine teils starke Regulierung durch den Gesetzgeber. Dies betrifft vor allem die Finanzkommunikation, die besonderen Publizitätspflichten unterliegt. So verlangt das Wertpapierhandelsgesetz beispielsweise, dass kursrelevante Tatsachen unverzüglich bekannt gegeben werden (§ 15 WpHG), um sicherzustellen, dass Informationen möglichst allen Marktteilnehmern zum gleichen Zeitpunkt zugänglich sind, und so Insidervorteile zu verhindern. Immer dann, wenn US-amerikanische Märkte involviert sind, werden die rechtlichen Anforderungen deutlich strenger: So gilt für Unternehmen etwa bei Transaktionen eine *Quiet Period*, in der sie einer Informationssperre unterliegen. Dann werden Pressemeldungen nur noch mit seitenlangen Disclaimern versandt, Informationen auf der Website mithilfe eines Filters nur bestimmten Personengruppen zugänglich gemacht, und Vorstände dürfen sich in dieser Phase nicht mehr zur Geschäftsentwicklung äußern. Diese rechtlichen Faktoren erfordern oft eine enge Abstimmung mit Juristen und Anwälten. Die Regulierung der Kommunikationsaktivitäten durch die hier genannten kapitalmarktrechtlichen Einflussfaktoren wird sich voraussichtlich in Zukunft weiter verstärken.

Auch unternehmensintern gibt es rechtliche Rahmenbedingungen, die bei der Kommunikationsarbeit zu berücksichtigen sind. Die einzelnen Rechte und Pflichten des Arbeitgebers gegenüber dem Betriebsrat sind im Betriebsverfassungsgesetz (BetrVG) verankert. Steht dem Betriebsrat ein Informationsrecht zu, so ist er über die betreffende Angelegenheit vor einer Entscheidung zu unterrichten. Steht ihm ein Widerspruchs- oder Vetorecht zu, kann er eine beabsichtigte Maßnahme durch seinen Widerspruch verhindern. Sollen Mitarbeiter beispielsweise im Rahmen von Einzelinterviews oder breiter angelegten Studien (z. B. Mitarbeiterbefragung, Stimmungsbarometer) befragt werden, dann ist dies nur nach Zustimmung des Betriebsrates möglich.

1.1.4 Gesellschaftliches Umfeld

Eine der Kernaufgaben der Unternehmenskommunikation ist es, den unternehmerischen Handlungsspielraum (*License to Operate*) aufrechtzuerhalten bzw. zu erweitern. Vor diesem Hintergrund ist das sozio-kulturelle Umfeld von hoher Bedeutung, das die in einer Gesellschaft vorherrschenden Werte und Verhaltensweisen beschreibt. Der allgemeine Wertewandel in der Gesellschaft führt zu einem gestiegenen Umweltbewusstsein der Verbraucher und zu Forderungen nach Übernahme gesellschaftlicher Verantwortung durch Unternehmen (*Corporate Social Responsibility*). Dies gilt es bei der Gestaltung der Unternehmenskommunikation zu berücksichtigen. Der Trend zu einer kritischeren Gesellschaft führt dazu, dass Unternehmen sich stärker um Akzeptanz bemühen und ihre Handlungen besser erklären müssen. Gelingt dies nicht und gerät ein Unternehmen aufgrund seiner Handlungen in die öffentliche Kritik, kann das schwerwiegende Folgen haben.

Unternehmensintern führt der Wertewandel zu einem stärkeren Wunsch der Arbeitnehmer nach Selbstentfaltung und nach einer besseren Vereinbarkeit von Beruf und Privatleben (*Work-Life Balance*). Auch die demografische Entwicklung beeinflusst die Gestaltung der Unternehmenskommunikation insofern, als der heute bereits im MINT-Bereich[5] bestehende Fachkräftemangel durch die geburtenschwachen Jahrgänge weiter verstärkt wird. Die Folge ist der sogenannte *War for Talent*, in dem die Unternehmen um die verfügbaren Bewerber konkurrieren und versuchen, sich als möglichst attraktiver Arbeitgeber zu positionieren, um ihren Bedarf an Nachwuchskräften weiterhin abdecken zu können. Dies hat eine ganz neue Aufgabe der Unternehmenskommunikation hervorgerufen, die als *Employer Branding* bezeichnet wird.[6]

---

[5] Die Abkürzung MINT steht für **M**athematik, **I**ngenieurwissenschaften, **N**aturwissenschaften und **T**echnik.

[6] Das Employer Branding wird im Fallbeispiel in Kapitel 4.3 illustriert.

Weiterhin beeinflussen die zunehmenden Globalisierungs- und Zuwanderungstendenzen und die damit verbundene Integration von ausländischen Mitarbeitern sowie von Mitarbeitern aus anderen Kulturkreisen die Unternehmenskommunikation. In den internationalen Märkten können keine Kenntnisse der deutschen Sprache und Kultur vorausgesetzt werden, sodass die Unternehmenskommunikation hierauf angepasst werden muss. Kulturspezifische Unterschiede im Kommunikations- und Führungsstil oder die unterschiedliche Bedeutung von Symbolen, Zahlen und Farben sind ebenso zu berücksichtigen wie einfache und für alle verständliche Botschaften, die international nicht nur über Text, sondern zunehmend auch über (Bewegt-)Bilder transportiert werden.

Die zentralen Einflussfaktoren sind in der folgenden Abbildung zusammengefasst:

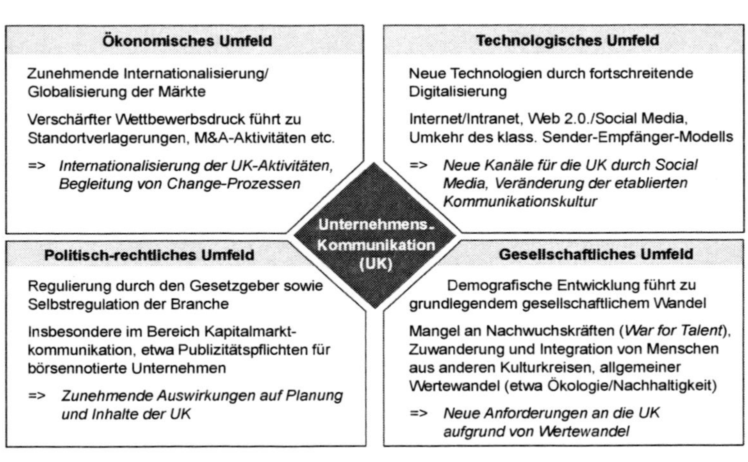

Ökonomisches Umfeld
Zunehmende Internationalisierung/ Globalisierung der Märkte
Verschärfter Wettbewerbsdruck führt zu Standortverlagerungen, M&A-Aktivitäten etc.
=> Internationalisierung der UK-Aktivitäten, Begleitung von Change-Prozessen
Technologisches Umfeld
Neue Technologien durch fortschreitende Digitalisierung
Internet/Intranet, Web 2.0./Social Media, Umkehr des klass. Sender-Empfänger-Modells
=> Neue Kanäle für die UK durch Social Media, Veränderung der etablierten Kommunikationskultur
Unternehmens-Kommunikation (UK)
Politisch-rechtliches Umfeld
Regulierung durch den Gesetzgeber sowie Selbstregulation der Branche
Insbesondere im Bereich Kapitalmarkt-kommunikation, etwa Publizitätspflichten für börsennotierte Unternehmen
=> Zunehmende Auswirkungen auf Planung und Inhalte der UK
Gesellschaftliches Umfeld
Demografische Entwicklung führt zu grundlegendem gesellschaftlichem Wandel
Mangel an Nachwuchskräften (War for Talent), Zuwanderung und Integration von Menschen aus anderen Kulturkreisen, allgemeiner Wertewandel (etwa Ökologie/Nachhaltigkeit)
=> Neue Anforderungen an die UK aufgrund von Wertewandel

Abbildung 1: Einflussfaktoren aus dem Unternehmensumfeld

Es wird deutlich, dass der Wandel des Umfelds durch einen steigenden Druck auf die Unternehmen durch Globalisierung, zunehmenden Wettbewerb und eine kritischer werdende Öffentlichkeit gekennzeichnet ist. Deshalb ist es für viele Unternehmen mittlerweile unverzichtbar, aktive Kommunikationsbeziehungen zu ihren Mitarbeitern, Kunden, Kapitalgebern, Lieferanten sowie zu Politik und Behörden aufzubauen, um den Stakeholdern auf diese Weise Orientierung und Sicherheit zu bieten. Sie können also, frei nach Paul Watzlawick, nicht mehr *nicht* kommunizieren.

1.2 Theoretische Ansätze und Managementkonzepte

Die folgenden Abschnitte geben eine kompakte Übersicht über die Theorien und Managementkonzepte, die für die Unternehmenskommunikation relevant sind.

1.2.1 Theoretische Verankerung der Unternehmenskommunikation

Der Versuch, das Thema Unternehmenskommunikation theoretisch einzuordnen, zeigt schnell, dass man sich ganzheitlich nähern sollte: Der kommunikationswissenschaftliche Blick auf die Grundlagen und Wirkungszusammenhänge symbolischer Handlungen sollte um betriebswirtschaftliche Überlegungen zur Rolle des Unternehmens in seiner Umwelt und zu dem Wertbeitrag der Unternehmenskommunikation ergänzt werden. Ebenso sind sozialpsychologische wie auch soziologische Erklärungsansätze zum Entstehen von Vertrauen und Glaubwürdigkeit relevant.

Aus kommunikationswissenschaftlicher Sicht ist Kommunikation ein Prozess wechselseitiger Informationsvermittlung. Diese kann sowohl über sprachliche Symbole als auch nonverbal über Mimik und Gestik erfolgen. Neben unterschiedlichen Kommunikationsmodellen, mit denen der Übertragungsprozess von Botschaften vom Sender zum Empfänger erklärt werden soll, hat sich in der Literatur eine Reihe von weiteren theoretischen Erklärungsansätzen etabliert.

Aus der Massenkommunikation etwa stammt die bekannte Lasswell-Formel „*Who says what in which channel to whom with what effect?*“[7]. Diese Formel enthält alle Elemente eines linearen, unidirektionalen Kommunikationsprozesses, nämlich den Sender (Kommunikator), die Nachricht (Botschaft), den Kanal (Medium) und den Empfänger (Rezipient), und sie berücksichtigt zudem die Wirkung dieses Prozesses, sodass man die Lasswell-Formel als Grundlage aller Kommunikationskonzepte betrachten kann.

Das auf die Informationsübermittlung reduzierte Verständnis der Kommunikation wird ergänzt durch weitere Erklärungsansätze wie die Theorie des kommunikativen Handelns oder Konzepte zur Diffusion von Nachrichten und zum Agenda Setting. Teilweise negieren Theorien zu sozialen Netzwerken die klassischen (unidirektionalen) Sender-Empfänger-Modelle, was die Bedeutung und auch die Notwendigkeit eines theoretischen Pluralismus im Feld der Unternehmenskommunikation unterstreicht.

Auch soziologische Basistheorien, insbesondere die Systemtheorie, bieten Anschlusspotenziale hinsichtlich Informationsmenge (*Information Overload*) und Informationskanälen und deren Kapazitäten. Im Fokus der Betrachtung stehen die Beziehungen und Austauschprozesse zwischen Systemen, ihren Mitgliedern und den jeweiligen Umwelten mit dem Ziel, Systeme zu schaffen, die einen möglichst wirkungsvollen Prozess der Informationsverarbeitung unterstützen.

Innerhalb der Wirtschaftswissenschaften wurden Kommunikationsaktivitäten von Unternehmen lange Zeit als Kommunikationspolitik innerhalb des Marketing-Mix verstanden. Erst neuere Ansätze beinhalten einen integrierten Ansatz, der eine ganzheitliche Betrachtung des Kommunikationsmanagements fordert, die Zuordnung zum Marketing löst und Unternehmenskommunikation als eigenständige Disziplin der Unternehmensführung versteht. Eine Reihe von ökonomischen Erklärungsansätzen trägt dazu bei, die Notwendigkeit von Unternehmenskommunikation zu erklären. Die Neue Institutionen-

---

[7] Vgl. Lasswell (1960), S. 117.

ökonomie etwa weist darauf hin, dass Informationsasymmetrien und daraus resultierende Unsicherheit reduziert werden müssen.

Weiterhin sind Theorien, mit denen sich das Mediensystem und seine Akteure erklären lassen, für das Gebiet der Unternehmenskommunikation relevant, etwa aus der Publizistik oder der Journalismusforschung, die sich mit der Rolle der Journalisten in der Gesellschaft beschäftigt.

1.2.2 Managementkonzepte

Es haben sich unterschiedliche Managementkonzepte etabliert, in denen die Unternehmenskommunikation als Instrument der Zielerreichung beschrieben wird. Zwei der bekanntesten und in der Praxis am weitesten verbreiteten Ansätze sind Corporate Identity und Balanced Scorecard.

Corporate Identity

Im Zusammenhang mit dem bereits in den 1980er-Jahren eingeführten Konzept der Corporate Identity (CI) werden die Begriffe Unternehmensidentität, Unternehmenskultur, Leitbild und Unternehmensverhalten genannt.[8] Gemeinhin wird CI als die „Identität eines Unternehmens“ verstanden, die den Zusammenhang zwischen Verhalten und Kommunikation des Unternehmens mit dem eigenen Selbstverständnis und dem daraus resultierenden Image in der Öffentlichkeit beinhaltet.

CI als Managementansatz ist ein Bestandteil der strategischen Unternehmensführung. Unternehmenskommunikation wird als *Corporate Communications* in diesem Kontext als einer von drei Bestandteilen einer ganzheitlichen Corporate Identity verstanden:

---

[8] Hier haben Birkigt und Stadler (1985) ein Grundlagenwerk für den deutschsprachigen Raum vorgelegt.

- *Corporate Design* bezeichnet die visuelle Identität des Unternehmens, die in einem Handbuch festgelegt wird. Hier sind beispielsweise genaue Richtlinien für die Gestaltung von Drucksachen oder ein Styleguide für das Intranet hinterlegt. Die Anweisungen können sich auf Hausschrift und Unternehmensfarbe, Arbeitsbekleidung und Fuhrpark oder auf die Gestaltung von Geschäftsräumen (z. B. Bankfilialen) beziehen.
- *Corporate Communications* bezeichnet die Unternehmenskommunikation nach innen und außen.
- *Corporate Behaviour* bezeichnet das Verhalten der Mitarbeiter untereinander und gegenüber externen Stakeholdern.

Eine stringente CI kann Prozesse und Strukturen transparent und begreifbar machen. Die Mitarbeiter wissen dann genau, was von ihnen erwartet wird, und können ihr Verhalten entsprechend anpassen. Intern kann CI ein Wir-Gefühl erzeugen und sich positiv auf die Zufriedenheit der Mitarbeiter, auf ihre Motivation und damit auf ihre Leistung auswirken. Zudem können durch einheitliche Gestaltungsrichtlinien Kosten für die Erstellung und Produktion von Kommunikationsmaterialien gesenkt werden.

Extern begünstigt eine starke CI ein einheitliches Vorstellungsbild vom Unternehmen, was zu einem höheren Wiedererkennungswert und damit zu einem gesteigerten Bekanntheitsgrad führt und letztlich die Differenzierung vom Wettbewerb unterstützt. Nach Studien des US-Wissenschaftlers Charles Fombrun steht der einheitliche Auftritt eines Unternehmens in einem engen Zusammenhang mit dem Unternehmensimage und der daraus resultierenden Reputation.[9]

---

[9] Vgl. Fombrun (1996).

Balanced Scorecard

Die Balanced Scorecard (BSC) ist ein Konzept zur stringenten Umsetzung der Unternehmensstrategie.[10] Ausgehend von Vision und Strategie wird ein Managementsystem abgeleitet, das die Unternehmenstätigkeit aus vier Perspektiven beleuchtet:

- *Finanzperspektive*: Was wollen wir unseren Kapitalgebern bieten?
- *Kundenperspektive*: Welche Erwartungen haben unsere Kunden?
- *Prozessperspektive*: Welche Prozesse müssen wir besonders gut beherrschen?
- *Lern- und Entwicklungsperspektive*: Wie können wir uns verändern und verbessern?

Anhand von Scorecards und *Strategy Maps* werden die Wertbeiträge der einzelnen Unternehmenseinheiten dargestellt. Die Balanced Scorecard unterstützt weiterhin die Ausrichtung von kritischen Erfolgsfaktoren an der Unternehmensstrategie auf allen Ebenen der Organisation und vermittelt ein umfassendes Bild der Geschäftstätigkeit. Zudem erleichtert sie das Verständnis von Zielen und Strategien und ermöglicht strategisches Feedback und Lernen.

Das BSC-Konzept ist in zweifacher Hinsicht relevant für die Unternehmenskommunikation: Zum einen zeigt es, dass die interne Kommunikation für ein erfolgreiches *Alignment*[11] der Mitarbeiter unerlässlich ist. Zum anderen wird die BSC in vielen Unternehmen als Steuerungsinstrument eingesetzt, sodass bereits Ansätze vorhanden sind, auch den Kommunikationsbereich mit der BSC zu steuern.[12]

---

[10] Vgl. Kaplan/Norton (1997).

[11] *Alignment* bedeutet die Ausrichtung an der Unternehmensstrategie.

[12] Vgl. etwa Hering/Schuppener/Sommerhalder (2004).

Es zeigt sich also, dass die Unternehmenskommunikation nicht nur aus kommunikationswissenschaftlicher Perspektive bedeutend, sondern auch in gängigen Managementkonzepten verankert ist. Damit wird deutlich, dass Unternehmenskommunikation keinesfalls *l'art pour l'art* ist, sondern dass ihre Erfolgswirkung heute auch in der Managementforschung anerkannt wird.

1.3 Definition und Teildisziplinen der Unternehmenskommunikation

Der Begriff der Unternehmenskommunikation hat sich erst in den letzten zehn Jahren nachhaltig etablieren können. Als Ausgangspunkt finden sich in der Literatur einerseits Modelle der integrierten Marketingkommunikation, die auf die Stakeholdergruppe Kunden ausgerichtet sind. Andererseits spielen Modelle der Public Relations eine wichtige Rolle, die sich mit der Beziehung des Unternehmens zum gesellschaftspolitischen Umfeld und der Beeinflussung der öffentlichen Meinung beschäftigen. Darüber hinaus können Modelle der Organisationskommunikation herangezogen werden, die die persönliche Kommunikation zwischen einzelnen Organisationsmitgliedern oder ganzen Gruppen beinhalten. Seit Anfang der 1990er-Jahre wird der integrierten Unternehmenskommunikation in Wissenschaft und Unternehmenspraxis eine höhere Bedeutung zugewiesen. Grundlage dafür ist die Annahme, dass eine ganzheitliche und vernetzte Kommunikation wirksamer ist, da sie einen einheitlichen kommunikativen Auftritt sicherstellt.[13] Heute wird die Unternehmenskommunikation als integrierte Kommunikationspolitik und unverzichtbarer Bestandteil der Unternehmensführung verstanden.[14]

Im englischen Sprachraum ist Unternehmenskommunikation mit *Corporate Communications* gleichzusetzen. Dieser englische Begriff bezeichnet den Teil der Unternehmensführung, der mithilfe von Kommunikationsaktivitäten die Reputation eines Unternehmens

[13] Vgl. Bruhn (1995) oder Kirchner (2001).

[14] Vgl. etwa Grunig/Hunt (1992), Zerfaß (2004), Piwinger/Zerfaß (2007), Meckel/Schmid (2008) und Mast (2010).

nachhaltig prägt.[15] Dabei beschränkt er sich nicht allein auf Unternehmen, sondern schließt die Kommunikationsaktivitäten von Verbänden, Vereinen, öffentlichen Einrichtungen oder Non-Profit-Organisationen ein.

Die folgende Abbildung zeigt die Teildisziplinen der Unternehmenskommunikation und die jeweils relevanten Stakeholdergruppen:

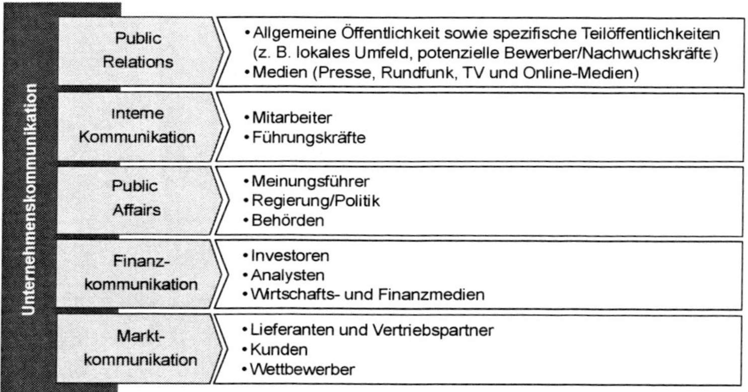

Abbildung 2: Teildisziplinen der Unternehmenskommunikation und Stakeholdergruppen

Public Relations

Public Relations (PR; synonym auch Öffentlichkeitsarbeit) ist eine zentrale Teildisziplin der Unternehmenskommunikation, die üblicherweise in der Funktion des Pressesprechers im Unternehmen verankert ist. Bereits seit den 1920er-Jahren, also lange bevor sich der Begriff der Unternehmenskommunikation etablierte, wurde die nach außen gerichtete Kommunikation von Unternehmen als Public Relations bezeichnet. PR umfasst die Planung und Steuerung der Kommunikation gegenüber externen Stakeholdern, insbesondere den Medien, und

[15] Vgl. zu weiterführender Literatur etwa Fombrun (1996), Cornelissen (2004), Harvard Business School Press (2006) oder Argenti (2007).

dient dazu, die Öffentlichkeit zu informieren, den Bekanntheitsgrad zu steigern und Vertrauen aufzubauen.[16]

Neben der allgemeinen Öffentlichkeit, die Unternehmen über Journalisten erreichen oder direkt ansprechen können, spielen je nach der spezifischen Strategie möglicherweise weitere Stakeholdergruppen eine Rolle, etwa Anwohner am Unternehmensstandort oder potenzielle Nachwuchskräfte wie Schüler oder Studierende.

Zu den Kernaktivitäten der PR gehört eine aktive Medienarbeit, unter anderem die Verbreitung von Botschaften via Pressemeldung über einen sinnvoll zusammengestellten Verteiler. Zunehmend werden auch Online-Medien in der Medienarbeit berücksichtigt.

Da die Auswahl der redaktionellen Inhalte Aufgabe der Journalisten ist, gibt es jedoch keinen Anspruch auf eine Erwähnung in den Medien. Je nach Themenlage, inhaltlichen Schwerpunkten oder dem Wohlwollen der Journalisten können diese den Inhalt einer Meldung aufgreifen, zum Anlass für eine umfangreichere Berichterstattung nehmen oder ignorieren. Die Praxis zeigt, dass Medienarbeit dann erfolgreich ist, wenn sie kontinuierlich betrieben wird und der Wahrheit entspricht.

Neben der Pressemeldung gibt es eine Reihe weiterer Maßnahmen, die sich im Rahmen der Medienarbeit einsetzen lassen. Sie sind äußerst vielfältig und reichen von Hintergrundgesprächen mit Journalisten über Pressekonferenzen bis hin zu speziellen Informationsangeboten für Journalisten auf der Website des Unternehmens. Die allgemeine Öffentlichkeit bzw. die relevanten Teilöffentlichkeiten können einerseits durch Medienberichterstattung erreicht, andererseits aber auch direkt angesprochen werden, beispielsweise durch einen Tag der offenen Tür oder durch die Teilnahme an Karriere-Netzwerken.

Eine Sondersituation der PR liegt in Krisensituationen vor. Dies veranschaulicht das Fallbeispiel in Kapitel 4.2.

---

[16] Vgl. zu weiterführender Literatur etwa Haedrich et al. (1995), Oliver (2001) oder Röttger (2006).

Interne Kommunikation

Im Gegensatz zur PR wird die interne Kommunikation (IK) als die Planung und Steuerung der Kommunikation gegenüber internen Stakeholdergruppen verstanden. Ziel ist es hier, durch den Aufbau eines kontinuierlichen Informationsflusses die Mitarbeiter zu informieren und dadurch ihre Identifikation und Motivation positiv zu beeinflussen, um letztlich eine höhere Produktivität zu erreichen.[17]

Zielgruppe der internen Kommunikation sind die Mitarbeiter eines Unternehmens, die je nach Unternehmensgröße und Organisationsform in weitere Teilzielgruppen differenziert werden können (etwa nach Hierarchieebenen, Unternehmensbereichen, Regionen oder auch danach, ob sie in direktem Kontakt mit Kunden stehen oder nicht). In der Praxis unterscheidet man zwischen Mitarbeitern und Führungskräften als Empfänger der Botschaften und versucht üblicherweise, den Führungskräften Informationen vorab und exklusiv zur Verfügung zu stellen, um sie in ihrer Führungsrolle zu stärken.

Die Aufgaben der internen Kommunikation haben sich in den letzten Jahren stark gewandelt: Lag der Fokus lange Jahre auf der Mitarbeiterzeitung, so hat sich mittlerweile das Intranet als das zentrale Medium etabliert. Obwohl es über unbestrittene Vorteile verfügt, ist jedoch auch die Flut an Informationen zu bedenken, mit denen die Mitarbeiter täglich konfrontiert werden. Daher sollte hier nach der Devise „Weniger ist mehr“ versucht werden, die Mitarbeiter möglichst nicht mit zu vielen Informationen zu überhäufen.

Vor diesem Hintergrund gewinnt die persönliche Kommunikation an Bedeutung, die über eine Kaskade gesteuert werden kann: Informationen der Unternehmensleitung werden über alle Ebenen bis zu den Mitarbeitern hinunter auf persönlichem Weg weitergegeben.

---

[17] Vgl. zu weiterführender Literatur etwa Quirke (2002), Mast (2007), Berg/Kalthoff-Mahnke (2008), Wright (2009) oder Buchholz/Knorre (2010).

In der Praxis erweisen sich diese Kaskaden jedoch nicht selten als fehleranfällig, da ein „Stille-Post-Effekt“[18] eintreten kann oder Führungskräfte sich schlicht nicht die Zeit nehmen, ihre Mitarbeiter zu informieren. Auch fehlt in vielen Fällen ein Feedback, ob und inwieweit die Informationen tatsächlich angekommen sind.

Vor diesem Hintergrund setzen IK-Experten – insbesondere wenn es darum geht, komplexe und strategisch bedeutende Informationen zu vermitteln – zunehmend sogenannte *Learning* oder *Dialog Maps* ein, die Führungskräfte dabei unterstützen sollen, ihrer Kommunikationsaufgabe besser nachzukommen, und die eine unternehmensweit einheitliche Informationsvermittlung sicherstellen können.

Mit dem Wissen, dass sich Einstellungen nicht kurzfristig verändern lassen, setzen Unternehmen auf Partizipation durch Dialoge, ergänzen ihre Top-down-Kommunikation (von oben nach unten) mit Bottom-up-Elementen (von unten nach oben) und fördern so die Einbeziehung der Mitarbeiter. Partizipation führt zudem zu einer höheren Identifikation mit dem Unternehmen, eine Eigenschaft, die gerade in Deutschland nicht besonders ausgeprägt ist.[19]

Insgesamt wird der internen Kommunikation eine hohe Bedeutung für die Motivation der Mitarbeiter beigemessen, und verschiedene Studien weisen positive Einflüsse auf die Mitarbeiterzufriedenheit nach.

---

[18] Wenn Führungskräfte nicht informiert sind, neigen sie dazu, das zu sagen, wovon sie glauben, dass es richtig ist. Dabei besteht die Gefahr, dass Botschaften im Laufe der Kaskade verfälscht oder ganz ausgelassen werden.

[19] Der *Engagement Index* des Gallup-Instituts zeigt, dass deutsche Arbeitnehmer sich nur wenig mit ihrem Arbeitgeber identifizieren: Demnach sind lediglich 13 Prozent der Beschäftigten dazu bereit, sich freiwillig für das Unternehmen und die Zielerreichung einzusetzen. 66 Prozent hingegen leisten Dienst nach Vorschrift.

Grundsätzlich gilt die Faustregel: Je schlechter die interne Kommunikation ist, desto mehr verlassen sich Mitarbeiter auf den „Flurfunk“ oder auf externe Quellen. Auch überlassen einige Unternehmen dem Betriebsrat die interne Kommunikationshoheit, was sich insbesondere bei Konflikten mit den Arbeitnehmervertretern als schwerwiegender Fehler erweisen kann. Vor diesem Hintergrund sollte die interne Kommunikation in jedem Unternehmen zur Chefsache erklärt und professionell geplant und gesteuert werden.

Die eigenen Mitarbeiter sollten idealerweise früher informiert werden als externe Stakeholdergruppen, insbesondere dann, wenn es um tiefgreifende Veränderungen im Unternehmen geht, die sie betreffen. Da Mitarbeiter auch als Botschafter des Unternehmens zur Imagebildung beitragen, ist es umso wichtiger, dass sie in Grundzügen verstehen, welche Ziele das Unternehmen erreichen will und in welcher Form sie dazu beitragen können. Daher ist die interne Kommunikation auch ein wichtiger Erfolgsfaktor im Rahmen des Change Managements.

Argumente gegen eine transparente Informationspolitik im Unternehmen liegen oft in der Angst vor sogenannten *Leaks* begründet: der Befürchtung, dass Mitarbeiter unbefugt Informationen über das Unternehmen nach außen geben. Intranetmeldungen oder gar E-Mails vom Vorstand sind in wenigen Augenblicken weitergeleitet, ein Beitrag in einem Internetforum ist ohne großen Aufwand geschrieben. Zwar versuchen Unternehmen mit diversen Richtlinien zu verhindern, dass Mitarbeiter interne Informationen nach außen geben; allerdings zeigt sich immer wieder, dass dies allein nicht ausreicht. Mitarbeiter behalten dann Informationen für sich, wenn sie sich mit ihrem Arbeitgeber identifizieren. Daher sind vollständige Informationen gepaart mit Stolz und Engagement der Mitarbeiter der beste Garant, um solche Leaks zu vermeiden.

Public Affairs

Die noch junge Teildisziplin Public Affairs (PA) hat in Deutschland erst mit dem Wechsel des Regierungssitzes von Bonn nach Berlin an Bedeutung gewonnen. Zum Aufgabenspektrum der PA gehört es, mögliche Auswirkungen politischer Entscheidungen auf das eigene Unternehmen zu analysieren und Aktivitäten in Bezug auf identifizierte politische Tendenzen zu planen.[20] Die Deutsche Public Relations Gesellschaft (DPRG) definiert Public Affairs als das interessengeleitete, strategische Management von Entscheidungs- und Kommunikationsprozessen im politischen und gesellschaftlichen Umfeld.

Public Affairs beinhaltet zum einen Instrumente der PR, etwa klassische Presse- und Medienarbeit oder Issues Management[21]. Zum anderen sollen politische Entscheidungen durch gezieltes Lobbying beeinflusst werden. Zielgruppe der Public-Affairs-Aktivitäten sind Meinungsführer (*Opinion Leaders*), Politiker auf kommunaler, regionaler, Landes- und übergeordneter Ebene sowie Vertreter sonstiger staatlicher oder staatsnaher Organe.

Rund 80 Prozent der Gesetzes- und Entscheidungsentwürfe werden im Laufe ihrer Entstehung von Lobbyisten beeinflusst. Für Unternehmen besteht daher eine reelle Chance, an der Gestaltung der gesetzlichen und administrativen Rahmenbedingungen im eigenen Interesse mitzuwirken, um Schaden vom Unternehmen fernzuhalten. Das Fallbeispiel in Kapitel 4.1 veranschaulicht die Funktionsweise und Mechanismen der Public Affairs.

---

[20] Vgl. zu weiterführender Literatur etwa Galbraith (2007), Althaus (2007) oder Köppl (2008).

[21] Issues Management bezeichnet die systematische Analyse der Entwicklung und des Verlaufs bestimmter Themen im Unternehmensumfeld, um frühzeitig Einfluss auf Prozesse öffentlicher Meinungsbildung nehmen zu können.

Finanzkommunikation

Der Ursprung der Finanzkommunikation (*Investor Relations*) ist auf den Aktionärs- und Gläubigerschutz zurückzuführen, dessen Leitgedanke „*information reduces risk*" gesetzlich geregelt wurde.[22] Im Rahmen der darin enthaltenen Publizitätspflicht übernimmt die Legislative die Rolle eines Vermittlers zwischen den Interessen des Unternehmens und denen der Investoren. Je nach ihrem Informationsstand haben Investoren unterschiedliche Rendite-Erwartungen an ein Unternehmen. Investor Relations (IR) können dazu beitragen, diese unterschiedlichen Erwartungen anzugleichen, und so für eine „faire" Bewertung sorgen.

In Deutschland reift die Finanzkommunikation erst seit den 1990er-Jahren heran.[23] Während der IR-Begriff üblicherweise mit börsennotierten Unternehmen in Verbindung gebracht wird, umfasst Finanzkommunikation tatsächlich aber ein weiteres Feld: die Gesamtheit aller Kommunikationsmaßnahmen, die darauf abzielen, die Bereitstellung von finanziellen Mitteln durch Kapitalgeber sicherzustellen und den Erfolg finanzieller Transaktionen zu unterstützen.[24]

Dies geschieht durch den Aufbau und die Pflege guter Beziehungen zur *Financial Community*, die sich aus Investoren, Analysten und Finanzmedien zusammensetzt. Instrumente der Investor Relations sind Maßnahmen, die aus gesetzlichen Publizitätsvorschriften resultieren (etwa die Veröffentlichung von Quartals- oder Geschäftsberichten), sowie weitere, freiwillige Maßnahmen wie IR-Seiten im Internet, Roadshows, bei denen das Managementteam seine Strategie präsentiert, oder Kampagnen, mit denen eine geplante Transaktion begleitet – oder im Falle einer feindlichen Übernahme zu verhindern versucht – wird.

---

[22] Erstmals 1900 durch den *Companies Act* in Großbritannien, entsprechende Gesetze wurden in den 1930er-Jahren mit dem *Securities Act* in den USA und mit der Aktienrechtsnovelle von 1965 in Deutschland erlassen.

[23] 1994 wurde etwa der Deutsche Investor Relations Verband e. V. (DIRK) gegründet.

[24] Vgl. zu weiterführender Literatur etwa Roop/Lee (1988), Krystek/Müller (1993), Kirchhoff/Piwinger (2000) oder Salzer (2004).

Für die Finanzkommunikation im Unternehmen ist in der Regel die IR-Abteilung verantwortlich, die in der Unternehmenskommunikation angesiedelt sein kann, aber enge Schnittstellen zum Finanzchef (*Chief Financial Officer)* unterhält.

Marktkommunikation

Die Teildisziplin Marktkommunikation umfasst Kommunikationsaktivitäten, die an Kunden und andere Marktteilnehmer, wie etwa Vertriebspartner, Lieferanten oder auch Wettbewerber, gerichtet sind. Diese Disziplin ist ursprünglich eine Kernaufgabe des Marketings, es ist allerdings festzustellen, dass in vielen Marketingabteilungen noch immer das Produkt im Mittelpunkt der Aktivitäten steht. Vor diesem Hintergrund gewinnt die Kommunikation mit den Kunden im Rahmen der Unternehmenskommunikation an Bedeutung. Denn hier geht es nicht primär um eine kurzfristige Stimulation der Verkaufszahlen, sondern darum, eine langfristige Kundenbeziehung aufzubauen und zu erhalten.[25]

Die Marktkommunikation hat die Aufgabe, Themen- und Tätigkeitsfelder des Unternehmens an die Marktteilnehmer zu vermitteln und dadurch die Wahrnehmung des Unternehmens positiv zu beeinflussen. Dies kann sowohl durch den Einsatz klassischer PR-Maßnahmen als auch durch weitere Aktivitäten passieren, etwa durch *Corporate Publishing*: Dieser Begriff bezeichnet ein vernetztes Kommunikationskonzept, das auf verschiedenen Medien basiert und alle medialen Produkte umfasst, die der Kommunikation mit den Marktteilnehmern dienen. Dies können neben Kundenzeitschriften auch Bücher oder Filme sein.

---

[25] Vgl. zu weiterführender Literatur Bruhn/Ahlers (2004) oder Szyszka (2007).

Die hier dargestellten Teildisziplinen können abhängig von der Kommunikationsaufgabe miteinander kombiniert oder einzeln geplant und durchgeführt werden. Daneben gibt es eine Reihe situationsspezifischer Anlässe für Unternehmenskommunikation, die spezifische Strategien erfordern. Das kann beispielsweise eine Krise (Krisenkommunikation) sein. Auch tiefgreifende Veränderungen im Unternehmen (Veränderungs- oder Change-Kommunikation), ein Wechsel an der Unternehmensspitze (CEO-Kommunikation) oder die Internationalisierung der Märkte (Internationale Unternehmenskommunikation) können spezielle Kommunikationsstrategien begründen. In solchen Situationen können einzelne, aber auch Kombinationen aus verschiedenen Teildisziplinen eingesetzt werden. Die Vielfalt an Möglichkeiten übersteigt den Rahmen dieses Buches, sodass die anlassbezogene Unternehmenskommunikation hier nicht weiter vertieft werden soll.

2 Kommunikation ist Chefsache – Rollen und Aufgaben in der Unternehmenskommunikation

Wie eingangs erwähnt, ist die Unterstützung durch die Unternehmensleitung eine wichtige Voraussetzung für den Erfolg der Unternehmenskommunikation. Nur wenn sich die Entscheider im Unternehmen für eine transparente und aktive Kommunikationsarbeit einsetzen, kann die Unternehmenskommunikation ihre volle Kraft entfalten. Das zweite Kapitel stellt deshalb die Rolle der Unternehmensleitung, Aufgaben des Kommunikationsmanagements und Grundlegendes zur Organisation der Kommunikationsfunktion im Unternehmen dar.

2.1 Die Rolle des Top-Managements

In Literatur und Praxis herrscht Einigkeit darüber, dass der Unternehmensleitung im Rahmen der Unternehmenskommunikation eine besondere Rolle zukommt: Kommunikation ist Chefsache!

Eine Leitungsposition ist heute in den meisten Fällen auch mit einem hohen öffentlichen Interesse verbunden. Und dies ist unabhängig von der zu recht gestellten Frage der Fall, ob eine Zurückhaltung von Top-Entscheidern gegenüber der Öffentlichkeit nicht gerade ein Erfolgsfaktor für gewisse Unternehmen ist. Letzteres postuliert etwa der Unternehmensberater Hermann Simon in seiner Hidden-Champions-Studie mit Referenz auf den ehemaligen Stanford-Professor Jim Collins: Collins unterscheidet Unternehmenslenker demnach in *Showhorses* und *Ploughhorses*, vergleicht sie also mit Pferden, die in Wettbewerben präsentiert werden, und Arbeitspferden, die den Pflug ziehen. Collins zufolge können die Letzteren sich ganz auf ihre Aufgaben konzentrieren, während Erstere viel Zeit und Energie für die Außendarstellung aufwenden müssen.[26]

[26] Vgl. Simon (2007), S. 28.

Ganz gleich ob Manager selbst in die Öffentlichkeit drängen oder ob sie angesichts der immer leidenschaftlicher geführten Debatten über die Bezüge in den Chefetagen, Compliance- oder Ethik-Fragen und aufgrund der allgemein steigenden Erwartungen der Öffentlichkeit zu Erklärungen gedrängt werden – Unternehmenslenker müssen sich in der Öffentlichkeit beweisen, denn Journalisten und andere Stakeholder hinterfragen und bewerten zunehmend nicht nur die Geschäftserfolge, sondern auch die dafür verantwortlichen Personen an der Unternehmensspitze.

Und auch intern fordern Führungskräfte und Mitarbeiter eine höhere Präsenz der Unternehmensleitung ein: Kritische Entscheidungen wie der Verkauf einer Unternehmenssparte oder der Abbau von Arbeitsplätzen soll der Chef persönlich erklären. Diese Aufgabe lässt sich nicht an untere Hierarchieebenen oder an die Kommunikationsabteilung delegieren, ohne dass die Unternehmensleitung einen massiven Vertrauensverlust erfährt.

Aber auch in weniger turbulenten Zeiten sollte die Geschäftsleitung den Kontakt zu den Mitarbeitern suchen: Eine Präsenz des Top-Managements, die über die internen Medien hinausgeht, wirkt sich positiv auf die Unternehmenskultur aus. Die Unternehmenslenker können beweisen, dass sie sich für die Anliegen der Mitarbeiter interessieren und „nah am Geschäft" sind, wenn sie beispielsweise Produktionsstandorte oder Vertriebsniederlassungen besuchen oder in der Kantine essen gehen. Zudem dient ein solches Verhalten als Maßstab und Vorbild für alle Führungskräfte: Gute Vorgesetzte müssen gute Kommunikatoren sein.

Die Unternehmensspitze sollte also Kommunikation nicht als lästige Pflicht betrachten, sondern aus Überzeugung und mit hohem Engagement betreiben. Kommunikation muss als Teil der unternehmerischen Agenda verstanden werden.[27] Sie ist Teil der Kernaufgabe des Top-Managements und darf nicht delegiert werden.

---

[27] Vgl. Deekeling/Arndt (2006), S. 15 ff.

2.2 Die Organisation der Kommunikationsfunktion

Ist das Commitment des Top-Managements zur Kommunikation im Unternehmen vorhanden, sind die Voraussetzungen für eine erfolgreiche Unternehmenskommunikation gut. Denn ohne dieses Commitment kann auch der beste Kommunikationsmanager keine erfolgreiche Arbeit leisten. Dies wird in einer regelmäßig vom Bundesverband deutscher Pressesprecher (BdP) durchgeführten Studie deutlich, in der jeder Fünfte der befragten Kommunikationspraktiker über mangelnde Akzeptanz im Unternehmen und jeder Dritte über fehlende Durchsetzungsmöglichkeiten klagt.[28]

Als weitere Erfolgsvoraussetzung gilt es, die Kommunikationsabteilung bei der Unternehmensleitung anzusiedeln. Grunig und Hunt forderten dies bereits in den 1990er-Jahren, weil die Unternehmenskommunikation nur dann den Unternehmenserfolg unterstützen könne, wenn sie über wichtige Entscheidungen des Top-Managements rechtzeitig informiert werde und dementsprechend handlungsfähig sei.[29] Dieser Anspruch ist heute in den meisten Unternehmen umgesetzt. Die geforderte Nähe der Kommunikationsabteilung zur Unternehmensspitze sollte sowohl im Organigramm als auch räumlich umgesetzt werden: Kurze Wege von der Chefetage zur Unternehmenskommunikation und umgekehrt sind von hoher Bedeutung. Kommunikationsabteilungen dürfen nicht in Nebengebäude ausgelagert werden!

Dass die Kommunikationsfunktion dann tatsächlich in die unternehmerischen Entscheidungsprozesse eingebunden ist, lässt sich in der Praxis daran erkennen, dass kritische Entscheidungen im Unternehmen gar nicht mehr getroffen werden, ohne vorher die kommunikativen Folgen abschätzen zu lassen.

Eine weitere organisatorische Erfolgsbedingung besteht darin, dass die Gesamtverantwortung für die Unternehmenskommunikation in einer Hand liegt. Es zeigt sich immer wieder, dass es zu enormen Reibungsverlusten kommt, wenn Aufgaben und Kompetenzen nicht

---

[28] Vgl. Bentele/Großkurth/Seidenglanz (2009), S. 41 ff.

[29] Vgl. Grunig/Hunt (1992).

klar zugeordnet sind und unterschiedliche Abteilungen um den Führungsanspruch bei bestimmten Themen ringen. Daher sollte die Abteilung Unternehmenskommunikation über Richtlinienkompetenz für alle kommunikationsbezogenen Fragen im Unternehmen verfügen. Als eine kritische Schnittstelle erweist sich hier – insbesondere im Rahmen von Veränderungsprozessen – die Personalabteilung. Viele Personalentscheider (und umgekehrt viele Kommunikationsverantwortliche) haben erkannt, dass es beim Change Management nicht darum gehen sollte, welche Abteilung stärker und durchsetzungsfähiger ist. Wichtig ist allein, die internen Kommunikations- bzw. Personalexperten rechtzeitig einzubinden, um gemeinsam mit gebündeltem Know-how in Bezug auf Change Trainings (Personal) und Change Communications (Unternehmenskommunikation) ein erfolgreiches Change Management zu unterstützen.

Während die eben genannten Faktoren nicht unmittelbar durch die Kommunikationsfunktion selbst beeinflusst werden können, sondern in der Regel auf Entscheidungen des Top-Managements beruhen, gibt es weitere Erfolgsbedingungen, die aus der Abteilung Unternehmenskommunikation selbst heraus gestaltet werden können: So ist die Organisation der Kommunikationsabteilung von entscheidender Bedeutung dafür, wie wirksam die Unternehmenskommunikation ist. In der Praxis finden sich häufig historisch gewachsene Strukturen, die dazu führen, dass die Abteilungen nicht so leistungsfähig sind, wie sie tatsächlich sein könnten. Daher sollte die Organisationsstruktur der Abteilung Unternehmenskommunikation – genau wie die des Unternehmens selbst – regelmäßig an den sich verändernden Rahmenbedingungen ausgerichtet werden. Eine radikale Neugestaltung oder eine behutsamere Weiterentwicklung von Strukturen und Prozessen kann den Erfolg der Kommunikationsarbeit strukturell unterstützen.

Ein wichtiger Ausgangspunkt hierbei ist es, die Kommunikationsabteilung organisatorisch konsequent an den strategischen Zielen des Unternehmens auszurichten. Das Postulat des Harvard-Professors

Alfred Chandler, „*structure follows strategy*“[30], gilt auch – oder gerade – für die Kommunikationsfunktion.

Dabei muss eine hohe Komplexität berücksichtigt werden, die sich einerseits aus der Heterogenität der einzelnen Teildisziplinen innerhalb der Unternehmenskommunikation und andererseits aus dem Grad der Internationalisierung der Kommunikationsaktivitäten ergibt. Je nachdem, wie Geschäftstätigkeit und Strategie des Unternehmens ausgerichtet sind, bewegt sich die Unternehmenskommunikation zwischen einer stark standardisierten Kommunikationsarbeit, in der Ziele, Strategien und Maßnahmen von der Unternehmenszentrale vorgegeben werden, und einer eher lokal orientierten Kommunikationsarbeit, bei der Inhalte und Instrumente an die spezifischen Bedingungen einzelner Märkte angepasst werden.

Die US-amerikanischen Wissenschaftler Cees van Riel und Charles Fombrun beobachten vier Implikationen für die Gestaltung der Kommunikationsfunktion im Unternehmen:[31]

(1) die **Zentralisierung der Kommunikationsverantwortung** und eine damit einhergehende Verschiebung der Entscheidungsbefugnis von den Geschäftsbereichen hin zur Zentrale;

(2) den Bedarf an stärkerer **Koordination der einzelnen Teildisziplinen** der Unternehmenskommunikation, die sich historisch getrennt voneinander entwickelt haben;

(3) die allgemeine **Aufwertung der Kommunikationsfunktion** im Unternehmen und die damit einhergehende Entwicklung **hin zu einer strategischen Unternehmenskommunikation**;

(4) das größere Interesse an integrierten Lösungen, die eine **global einheitliche Kommunikation** gewährleisten.

---

[30] Vgl. Chandler (1962).

[31] Vgl. van Riel/Fombrun (2007), S. 263.

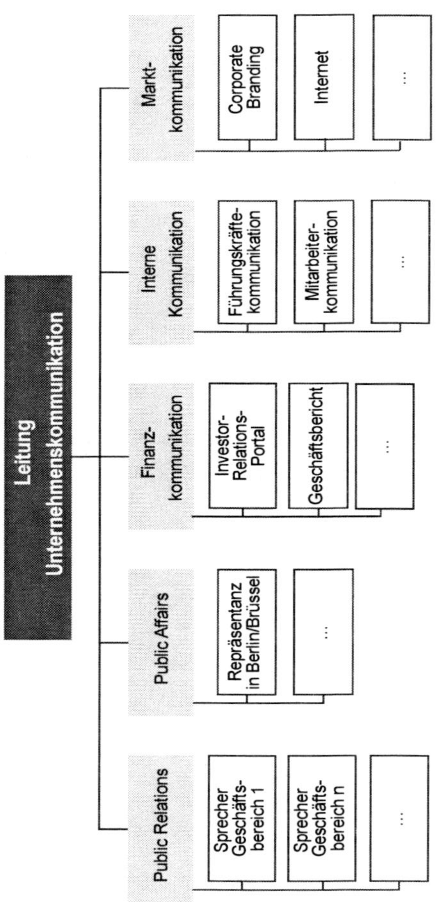

Abbildung 3: Organigramm einer Kommunikationsabteilung

Wie aus Abbildung 3 hervorgeht, werden in einem typischen Organigramm einer Kommunikationsabteilung heute zumeist die einzelnen Teildisziplinen der Unternehmenskommunikation als separate Säulen abgebildet, die unter einer übergeordneten Leitungsfunktion die Beziehungen zu den relevanten internen und externen Stakeholdern aufbauen und pflegen.

Insgesamt entwickelt sich die Kommunikationsfunktion zunehmend zu einer strategischen Funktion, die die Entscheider im Unternehmen in Kommunikationsfragen berät und unterstützt. Eine gut aufgestellte Kommunikationsfunktion definiert ihr Leistungsangebot für ihre „internen Kunden" und entwickelt sich so von einer eher operativ-taktischen Rolle, in der die Distribution von Informationen und Botschaften im Vordergrund steht, zu einer Beratungseinheit, die – analog zum Inhouse-Consulting – wichtige Kommunikationsaufgaben im gesamten Unternehmen bearbeitet und gemeinsam mit den zuständigen Fachbereichen löst. Konsequent weiterverfolgt hat diesen Gedanken beispielsweise die australische Bank Westpac: Sie beschäftigt *Communication Advisors*, die in der als Inhouse-Kommunikationsberatung aufgestellten Kommunikationsfunktion der Bank die einzelnen Geschäftsbereiche beraten.[32]

Neben einer aus der Unternehmensstrategie abgeleiteten Organisationsstruktur mit klar definierten Schnittstellen sind Prozesse ein weiterer Bestandteil der Gestaltungsaufgabe. In der Praxis fällt auf, dass in vielen Kommunikationsabteilungen weder Management- noch Leistungserstellungsprozesse klar definiert sind. Dies kann zu einem „kreativen Chaos" führen, das nicht nur Zeit und Geld kostet, sondern auch oft Qualitätseinbußen zur Folge hat. Daher ist es empfehlenswert, zumindest die Kernprozesse einer Kommunikationsabteilung zu überprüfen, bei Bedarf zu optimieren und als verbindlichen Standard zu implementieren. Diese Aufgaben fallen üblicherweise in den Bereich von klassischen Managementberatungen, während Kommunikationsagenturen in diesen Fragen vielfach selbst noch Optimierungsbedarf haben. Allerdings zeigt sich immer wieder, dass viele Beratungen nicht über ausreichendes Wissen im Bereich der

[32] Vgl. Gayeski (2007), S. 42 f.

Unternehmenskommunikation verfügen. Sie versuchen dann, Methoden und Tools, die sie erfolgreich im Einkauf, in der Produktion oder bei der Vertriebssteuerung eingesetzt haben, auf die Unternehmenskommunikation zu übertragen. Wenn es darum geht, die Organisation einer Kommunikationsfunktion zu gestalten, liegen die Herausforderungen aber gerade im Spannungsfeld zwischen eindeutigen Vorgaben, klaren Prozessen und verbindlichen Zeitplänen auf der einen Seite und genügend Freiraum für kreative Ideen und innovative Lösungen auf der anderen Seite. Wird dies nicht ausreichend berücksichtigt, ist eine Reorganisation zum Scheitern verurteilt, weil dann „Parallelwelten" auf dem Papier erschaffen werden, die die betroffenen Organisationsmitglieder im Tagesgeschäft intelligent zu umgehen verstehen.

Zuletzt noch der wichtige Hinweis, dass es keine Mustervorlage für eine idealtypische Organisation der Unternehmenskommunikation gibt. Vielmehr gilt es, die Strukturen regelmäßig auf die bestehenden Anforderungen und die unternehmensspezifischen Gegebenheiten hin zu überprüfen und bei Bedarf neu auszurichten.

2.3 Aufgaben des Kommunikationsmanagements

Analog zu den sich wandelnden Rahmenbedingungen haben sich auch die Anforderungen an die handelnden Personen in der Unternehmenskommunikation sowie deren Aufgaben gewandelt: War früher der Pressesprecher der Dreh- und Angelpunkt aller Kommunikationsaktivitäten, sind heute Kommunikationsmanager gefragt, die in der Lage sind, ganzheitliche Strategien zu entwickeln sowie alle Teildisziplinen der Unternehmenskommunikation miteinander zu vernetzen und zielgerichtet zu steuern. Diese Kommunikationsmanager ersetzen nicht die Funktion des Pressesprechers, aber es findet eine konsequente Trennung zwischen strategischen Gestaltungs- und solchen Aufgaben statt, die eng an tagesaktuelle Ereignisse geknüpft sind.

Die Anforderungen an die Kommunikationsmanager sind vielfältig: Sie sollten nicht nur über ein solides Kommunikations-Know-how verfügen, sondern auch in der Lage sein, die Umsetzung der Strategien des Top-Managements mit Instrumenten der Unternehmenskommunikation zu unterstützen. „*Turning strategy into action*" gilt nicht nur unternehmensintern, sondern ist als umfassende Aufgabe – auch oder gerade externen Stakeholdern gegenüber – zu verstehen.

Nach ihrem eigenen Selbstverständnis gefragt, geben 85 Prozent der Kommunikationsexperten an, dass sie sich in einer Mittlerrolle zwischen dem Unternehmen und seinen Stakeholdern sehen. Rund 50 Prozent verstehen sich auch als Berater des Vorstandes/CEOs.[33]

Dabei ist die Fähigkeit, strategisch und ganzheitlich zu denken, unverzichtbar – zu groß ist die Gefahr, sich im Mikromanagement zu verlieren, anstatt das große Ganze im Blick zu behalten, die strategische Ausrichtung der Unternehmenskommunikation immer wieder zu hinterfragen und bei Bedarf anzupassen. Dazu gehört auch nachweisbare Erfahrung im Management komplexer Projekte, etwa in der Kommunikationsbegleitung von groß angelegten Change-Prozessen. Zudem müssen Kommunikationsmanager nicht nur intelligente Kommunikationsstrategien entwickeln und umsetzen, sondern auch den Erfolgsbeitrag der Kommunikationsaktivitäten nachweisen können.

Da Kommunikationsmanager auch als Führungskraft ihrer Abteilung gefragt sind, sollten sie strategische Ziele für die eigene Arbeit definieren, um die erbrachten Leistungen vor diesem Hintergrund bewerten und die Mitarbeiter entsprechend führen zu können. Zielvereinbarungsgespräche zu führen, die eigenen Mitarbeiter weiterzuentwickeln und neue Positionen innerhalb der Abteilung qualifiziert zu besetzen gehört ebenso zu den Aufgaben der Leitung Unternehmenskommunikation wie die Motivation der Mitarbeiter. In diesem Zusammenhang ist es auch zu empfehlen, ein Selbstverständnis explizit zu formulieren. Denn nur wenn allen im Team klar ist, mit welchem Anspruch gearbeitet wird, kann auch jeder einzelne diesen einlösen bzw. einfordern.

---

[33] Vgl. Bentele/Großkurth/Seidenglanz (2009), S. 87 ff.

Die grundlegenden Aufgaben des Kommunikationsmanagements lassen sich anhand eines Kreislaufs beschreiben: Die Kommunikationsfunktion trägt zur Erreichung der Unternehmensziele bei – und arbeitet damit effektiv –, indem sie eine Strategie festlegt und strategische Rahmenbedingungen schafft. Um Effizienz sicherzustellen, achtet sie bei der Durchführung auf ein sinnvolles Verhältnis von Kosten und Nutzen.

Abbildung 4 fasst die Aufgaben des Kommunikationsmanagements zusammen:

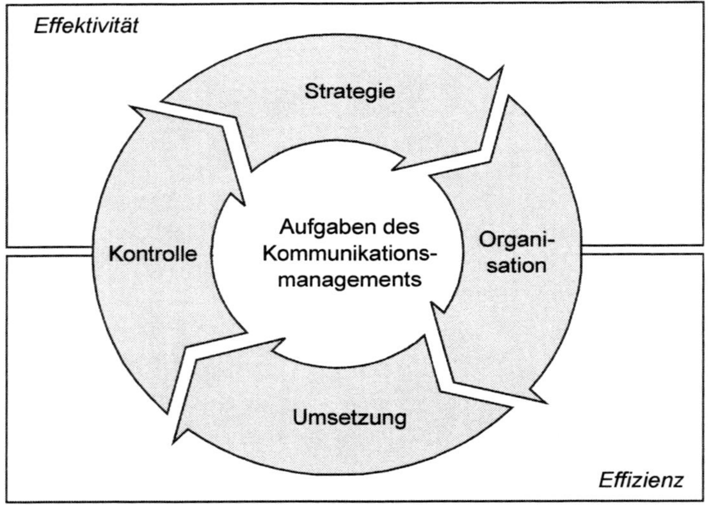

Abbildung 4: Aufgaben des Kommunikationsmanagements

3 Make or buy – Was Sie über das Sourcing von Kommunikationsdienstleistungen wissen sollten

Eine der Entscheidungen, die im Rahmen des Kommunikationsmanagements am häufigsten getroffen werden müssen, ist die Frage: „*Make or buy?*“ („Selbst machen oder einkaufen?“).[34] Die Mehrzahl der Kommunikationsverantwortlichen in den deutschen Unternehmen arbeitet mit externen Dienstleistern wie Kommunikationsberatern und Agenturen sowie Spezialisten für die Produktion von Kommunikationsmedien (etwa Druckerei, Programmierer, Filmteams) zusammen. Längst umfasst das Outsourcing aber nicht mehr nur Handlungen, also Produktion oder Services im Kommunikationsbereich, sondern schließt auch Denkleistungen ein.

Ein Grund hierfür sind die steigenden Anforderungen an die Qualifikation der Kommunikationsmanager: Neben betriebswirtschaftlichem Know-how gehört die Fähigkeit, international zu agieren (neben einschlägigen Sprachkenntnissen ist hier auch interkulturelle Kompetenz gefragt), mittlerweile zu den Standard-Einstellungsvoraussetzungen vieler Kommunikationsabteilungen. Dazu sind ein stark analytisch-konzeptionelles Denken und idealerweise Schreibtalent unabdingbar. Allerdings ist der Markt dieser „eierlegenden Wollmilchsäue“ nicht unerschöpflich.

„*The uncomfortable truth is that companies simply cannot find enough of the high-end analytical minds they need at home*“, heißt es in der Zusammenfassung einer Studie von Booz & Company[35]. Die Annahme – so wünschenswert eine solche Situation auch sein mag –, die eigenen Mitarbeiter seien am besten in der Lage, die täglichen unternehmerischen Probleme zu lösen, steht in den Kommunikationsabteilungen ohne Zweifel zur Diskussion – und zwar immer häufiger.

---

[34] Dieses Kapitel entstand in Zusammenarbeit mit Thomas Lüdeke vom Institut für Kommunikation im Mittelstand (IfKiM).

[35] Vgl. Booz & Company (2008).

Immer mehr Unternehmen realisieren, dass sie Kompetenzen benötigen, über die ihre eigenen Mitarbeiter nicht immer verfügen. Grund dafür sind nicht zuletzt die schnellen Marktveränderungen. Sich immer schneller anpassen zu können, auf Trends zu reagieren und dem Wettbewerb voraus zu sein, sind Herausforderungen, die zu Kapazitäts- und noch öfter auch zu Kompetenz-Engpässen führen.

In der Realität stoßen deutsche Kommunikationsabteilungen nicht selten an ihre Grenzen: Knappe Budgets, zu wenig oder nicht ausreichend qualifizierte Mitarbeiter und stark schwankende Arbeitsbelastung unter stetigem Zeitdruck kennzeichnen die Rahmenbedingungen, in denen sich viele Kommunikationsmanager heute täglich bewegen.

Die Tatsache, dass eine professionelle Unternehmenskommunikation ein Erfolgsfaktor der Unternehmenstätigkeit ist, hat sich in Großunternehmen und auch bei den sogenannten mittelständischen *Hidden Champions*[36] herumgesprochen: 81 Prozent der Befragten in einer Studie des Instituts für Kommunikation im Mittelstand (IfKiM)[37] glauben, dass professionelle Kommunikation ein Erfolgsfaktor für Unternehmen ist. Dennoch sind auch hier oft weder konzeptionelle noch handwerkliche Kompetenzen *inhouse* vorhanden. Deshalb steht der Einkauf von externen Kompetenzen auch bei diesen Hidden Champions weit oben auf der Agenda: Bereits 65 Prozent vertrauen auf externe Experten.

Dem gegenüber steht, dass externe Dienstleister Probleme oft nur temporär und ansatzweise lösen können. Für das Outsourcing des Denkens gibt es gute Gründe, etwa den belastbaren Erfahrungshintergrund der Experten. Letztendlich kommt es beim Outsourcing auf das Wie an, das heißt: Wenn die Abstimmungsprozesse stimmen und eine professionelle Koordination gewährleistet ist, kann es durchaus vorteilhaft sein, wichtige Denkaufgaben auszulagern.[38]

---

[36] Hidden Champions sind Unternehmen, die zu den Marktführern ihrer Branche gehören, aber weitgehend unbekannt sind.

[37] Vgl. IfKiM (2010).

[38] Vgl. Davenport/Iyer (2009).

Abbildung 5 zeigt die Bereiche der Make-or-buy-Entscheidungen in der Unternehmenskommunikation:

Abbildung 5: Make-or-buy-Entscheidungen in der Unternehmens-kommunikation

(1) **Denken:** Im Vordergrund steht hier der Umgang mit analytischen, strategischen und konzeptionellen Aufgaben, wie beispielsweise Benchmarking, Strategieentwicklung oder die Konzeption von Kommunikationskonzepten.

(2) **Handeln:** In diesem Bereich geht es hauptsächlich um den Umgang mit „handwerklichen" Aufgaben wie Pressearbeit, Medien-Monitoring, redaktionellen Tätigkeiten oder der Erstellung von Bild- bzw. Filmmaterial.

(3) **Weiterbilden:** Im Vordergrund steht die Kompetenzsicherung für Mitarbeiter, etwa durch Medientrainings, Toolkompetenz-Erweiterung oder die Schulung von aktuellem Fachwissen in den einzelnen Teildisziplinen der Unternehmenskommunikation.

Die folgenden beiden Abschnitte geben Einblicke in diese drei Aufgabenbereiche jeweils aus der Perspektive des *Make* und des *Buy*.

3.1 Make

Weil Menschen sich mit Selbstgemachtem besonders gut identifizieren, beziehen Unternehmen Kunden und Mitarbeiter in Prozesse ein. Diese Strategie ging schon bei IKEA auf und macht deutlich, dass es sich lohnt, Make-or-buy-Entscheidungen kritisch abzuwägen. Ob man nun einen Schrank aufbaut oder ein Kommunikationsproblem löst: Wenn man selbst am Prozess beteiligt ist, identifiziert man sich mit dem Ergebnis deutlich stärker, als wenn man Fertiglösungen vorgegeben bekommt. Diese Erkenntnis spricht zunächst grundsätzlich dafür, möglichst viele Projekte in Eigenregie umzusetzen.

In den drei skizzierten Aufgabenbereichen gibt es viele Situationen, die eine Entscheidung für ein *Make* im eigenen Haus ohne externe Unterstützung rechtfertigen:

(1) **Denken:** „Selber denken macht klug“ heißt es. Sicher ist dies einer der zentralen Gründe dafür, viele Denkaufgaben nicht verfrüht an externe Experten auszulagern. Gerade bei etablierten, gut eingespielten Kommunikationsteams spricht vieles dafür, erst einmal mit den eigenen Mitarbeitern nach Lösungen zu suchen: Großer Wissensumfang, bisherige Erfahrungen, kurze Dienstwege – es gibt viele Argumente dafür, selbst zu denken.

> *Beispiel: Ursachenanalyse*
>
> Stellt ein Unternehmen fest, dass die eigenen Mitarbeiter überlastet und ausgebrannt sind, die Krankheitsrate steigt und die Leistungskurve nach unten zeigt, geht es zunächst nicht darum, wie man dem durch Kommunikationsmaßnahmen entgegenwirken kann. Vielmehr ist es wichtig, die Ursachen für diese problematische Situation zu analysieren. Denn nur wenn diese Ursachen bekannt sind, wird es möglich sein, eine Kommunikationsstrategie zur Behebung zu entwickeln. Hier sind Fingerspitzengefühl, ein gutes unternehmensinternes Netzwerk und ein breites Wissen über das Unternehmen und dessen spezifische Unternehmenskultur erforderlich. Ideale Voraussetzungen für eine *Make*-Strategie: Selbermachen wird hier voraussichtlich die besten Informationen an den Tag bringen.

(2) **Handeln:** Im operativen Bereich steht bei der Make-or-buy-Frage meist die Kapazitätsplanung im Zentrum. Je nach Größe einer Kommunikationsabteilung und Umfang der definierten Aufgaben kann die Entscheidung für oder gegen die Auslagerung von Aufgaben sehr unterschiedlich ausfallen. Grundsätzlich gilt, dass Aufgaben, die unmittelbares Feedback und direkten Zugang zu handelnden Personen im Unternehmen erfordern, eher im Unternehmen selbst verortet sein sollten. Der Aufwand für Abstimmungsprozesse mit externen Dienstleistungsunternehmen ist in solchen Fällen nicht zu unterschätzen, die Zeitersparnis unter dem Strich häufig nur gering.

Beispiel: Pressekontakt

Nicht nur Journalisten wollen bei „großen Themen" direkt mit Unternehmensvertretern statt mit dazwischengeschalteten PR-Beratern sprechen. Auch das Unternehmen selbst sollte ein Interesse daran haben, die Medienarbeit nicht komplett auszulagern. Externe können vorarbeiten, Texte schreiben oder Kontakte herstellen. Nach außen sollte aber ein Unternehmensvertreter erster Ansprechpartner für Journalisten sein.

(3) **Weiterbilden:** Bei der Entwicklung und Qualifizierung von eigenen Mitarbeitern setzen insbesondere größere Unternehmen, Beratungsgesellschaften und Agenturen verstärkt auf eigene Weiterbildungsprogramme. Neben Kostenvorteilen hat dies den positiven Effekt, dass Mitarbeiter an unternehmensspezifische Themen herangeführt werden können, sodass sie für das jeweilige Unternehmen den größten Nutzen bringen. Externe Weiterbildungsprogramme müssen zwangläufig verallgemeinern und versuchen, den unterschiedlichen Wissensstand und die Interessen aller Teilnehmer unter einen Hut zu bringen. Externe Weiterbildungen sind vor allem dann sinnvoll, wenn die Kompetenzen nicht im eigenen Unternehmen abgedeckt werden können (siehe dazu auch den Abschnitt 3.2).

Beispiel: Konzeptionstraining

Viele Agenturen verfolgen einen individuellen Konzeptionsstil mit eigenen Tools und Herangehensweisen. Ein guter Grund, den eigenen Mitarbeitern diesen Stil in hausinternen Trainings nahezubringen. Auf diese Weise erlernen die Mitarbeiter Methodiken, die sie unmittelbar im Arbeitsalltag anwenden können, und das Unternehmen profitiert vom Wissenstransfer.

3.2 Buy

Bei der Entscheidung für oder gegen Outsourcing hilft es, die eigenen Kompetenzen kritisch und möglichst distanziert zu betrachten. Wichtig ist, dass Aufträge nicht aus reiner Bequemlichkeit an externe Dienstleister vergeben werden. Auch für eine Kommunikationsabteilung sollte es nicht darum gehen, möglichst bequem zum Ziel zu gelangen, sondern möglichst gut und mit dem bestmöglichen Ergebnis. Da das nicht immer mit eigenen Mitteln und Kompetenzen möglich ist, können externe Experten, erfahrene Kommunikationsberater und fachlich versierte Spezialisten wertvollen Input für ein Unternehmen liefern.

Wer Aufgaben an externe Dienstleister vergibt, muss sich immer im Klaren sein, dass der Auftraggeber in letzter Konsequenz für die erfolgreiche Umsetzung verantwortlich ist. Wer sich 100-prozentig auf einen Dienstleister verlässt und sich nicht über Fortschritte eines Projekts informiert, darf sich nicht über Misserfolge wundern. Ein intensives Zusammenspiel und eine regelmäßige Erfolgskontrolle sind unabdingbar.

Die drei skizzierten Aufgabenbereiche Denken, Handeln und Weiterbilden bieten immer wieder neue Anlässe, über ein Outsourcing von Kommunikationsdienstleistungen nachzudenken:

(1) **Denken = mitdenken:** Wie schon im vorangegangenen Abschnitt beschrieben, ist die heikelste Form des Outsourcings das Auslagern von Denkprozessen. Denn wer sich hier zu stark auf externe Unterstützung verlässt, muss auch damit rechnen, dass er später die eigenen Konzepte nicht mehr versteht. Aber: Mitdenken ist durchaus erwünscht, und dabei können externe Experten nützlich sein. Sie betrachten Situationen aus der externen Perspektive und haben bessere Vergleichsmöglichkeiten, weil sie über Erfahrungen aus anderen Unternehmen verfügen. Zudem agieren sie unabhängig und sind daher nur begrenzt interessengeleitet. Wer demnach das Outsourcing von Denkprozessen als unter-

stützendes Mitdenken durch externe Berater versteht, kann wertvollen Input bekommen. Eingefahrene Prozesse oder mangelnde Kreativität können so eine neue Dynamik entfalten, die auch das Denken in den eigenen Reihen vitalisiert.

Beispiel: Strategieentwicklung

Unternehmen, die aufgrund einer veränderten Marktsituation eine neue Kommunikationsstrategie planen, profitieren oft sehr stark von externer Unterstützung. Berater, die auf bestimmte Branchen oder Disziplinen spezialisiert sind und sich durch entsprechende Referenzprojekte einen Namen gemacht haben, wissen oft, wo die Fallstricke liegen. Sie können mit neuen Ideen, ihren Erfahrungen oder speziell auf das Problem bezogenen Studien wertvolle Beiträge zur Strategieentwicklung leisten.

(2) **Handeln = unterstützen:** In einigen Unternehmensbereichen werden inzwischen komplette Prozesse ausgelagert. Immer häufiger kommt es vor, dass besonders Großunternehmen ihre Buchhaltung oder IT-Services vollständig an externe Dienstleister vergeben. Im Kommunikationssektor beschränkt sich das Outsourcing in der Regel auf ausgewählte Einzeldisziplinen. In der Kategorie Handeln geht es dabei primär um die Unterstützung in Bereichen, in denen intern nicht ausreichend Kapazitäten vorhanden sind oder bei denen es ökonomisch nicht sinnvoll wäre, sie in Eigenregie durchzuführen. Im Vergleich zur Auslagerung von Denkprozessen ist Outsourcing hier mit einem deutlich geringeren Risiko verbunden. Dies hängt nicht zuletzt damit zusammen, dass sich der Outsourcing-Erfolg im operativen Bereich deutlich leichter überprüfen lässt.

Beispiel: PR-Redaktion

Pressemeldungen, Hintergrundtexte oder Produktbeschreibungen sollen mediengerecht und verständlich aufbereitet werden. Dafür sind ein fundiertes Medienverständnis und Erfahrungen im Umgang mit Journalisten notwendig. Diese Voraussetzungen erfüllen externe PR-Redakteure oft sogar besser als manche Inhouse-Redakteure – ein guter Grund dafür, redaktionelle Tätigkeiten an externe Experten auszulagern. Das Risiko ist gering, die Kosten sind oftmals deutlich niedriger, und die Qualität kann bei der Auswahl des richtigen Dienstleisters sogar besser sein.

(3) **Weiterbilden = ergänzen:** Weiterbildung ist ein Bereich, den die meisten Unternehmen nicht komplett, sondern nur in Teilen auslagern. Die im vorangegangenen Abschnitt genannten Argumente für Inhouse-Seminare sprechen grundsätzlich eher dafür, Bildungsmaßnahmen im eigenen Haus durchzuführen. In jedem Unternehmen bestehen spezifische Anforderungen, die Standard-Programme nicht vollständig abdecken können. Spannend wird es, wenn es darum geht, bestimmte Kompetenzlücken von einzelnen Mitarbeitern zu schließen. Durch die Individualisierung von Weiterbildungseinheiten erreicht man nicht nur eine höhere Lernmotivation bei den Mitarbeitern, sondern bereitet sie auf einen optimalen Einsatz in ihrem Job vor. Das PR Career Center, ein Unternehmen, das sich auf die Karrierebegleitung von *Young Professionals* in der PR-Branche konzentriert, führte jüngst ein Programm mit genau diesem Ansatz für Ein- und Aufsteiger ein: Die Junior PR Academy[39] ist ein Qualifizierungsprogramm, das mit einem modularen Aufbau Kompetenzlücken von jungen Kommunikationsfachleuten schließen soll. Denn nur die wenigsten

[39] Vgl. Junior PR Academy (2010).

unternehmensinternen Qualifizierungsprogramme decken alle Themenfelder ab, die gut qualifizierte Mitarbeiter in der Unternehmenskommunikation beherrschen müssen.

> *Beispiel: Traineeprogramm*
>
> Trainees in Unternehmen und auf Agentur- bzw. Beratungsseite erwarten zu recht eine gute Ausbildung in den ersten Jahren nach ihrem Berufseinstieg. Viele Kandidaten machen ihre Entscheidung für einen Arbeitgeber auch davon abhängig, in welchem Umfang dieser im Rahmen eines Traineeprogramms Weiterbildungsmaßnahmen anbietet. Hintergrund ist nicht zuletzt, dass die Top-Absolventen zwar zwischen mehreren Angeboten auswählen können, sich aber trotzdem in den ersten Jahren mit eher niedrigen Gehältern zufriedengeben müssen. Diese Situation verleiht einem guten Weiterbildungsangebot zusätzliche Attraktivität und verschafft dem betreffenden Unternehmen Wettbewerbsvorteile bei der Personalsuche.

3.2.1 Woran erkennt man den richtigen Dienstleister?

Ist eine Buy-Entscheidung gefallen, gilt es, geeignete Partner zu identifizieren. Der Markt für Kommunikationsdienstleistungen ist sehr stark fragmentiert, sodass eine vollständige Marktübersicht in den meisten Fällen nicht herzustellen ist. Eines der wichtigsten Kriterien bei der Dienstleisterauswahl ist die Erfahrung des externen Experten.

Um den richtigen Partner zu finden, sollte dieser anhand von spezifischen Referenzprojekten glaubwürdig Erfahrungen nachweisen können. Das gilt insbesondere für Outsourcing-Vorhaben im Bereich Denken. Wer bereit ist, einen wesentlichen Denk- oder Entscheidungsfindungsprozess an Externe zu vergeben, sollte sich sicher sein, dass er es mit einem kompetenten, vertrauenswürdigen und nicht zuletzt erfahrenen Partner zu tun hat. Da sich Beratungsqualität erst nachträglich beurteilen lässt, verlassen sich Unternehmen bei der Auswahl gerne auf solche Dienstleister, die bereits in anderen Projekten für das Unternehmen tätig waren, oder auf Empfehlungen von persönlichen Kontakten, die bereits mit dem Dienstleister zusammengearbeitet haben.

Was bei der Auslagerung von Denkprozessen nicht möglich ist, lässt sich beim Outsourcing von operativen Aufgaben leicht umsetzen: die Trennung der Spreu vom Weizen. Anhand von Textproben ist es beispielsweise schnell möglich, Texter zu identifizieren, deren Schreibstil gut zum Unternehmen passt.

3.2.2 Tipps und Tricks für die erfolgreiche Zusammenarbeit

Ist der richtige Dienstleister gefunden, haben sich bei der Zusammenarbeit mit externen Partnern vier grundlegende Faktoren bewährt, die in der Praxis allerdings nicht immer berücksichtigt werden:

(1) **Klares Briefing:** Unabdingbar ist, dass der Auftraggeber ein präzises und lückenloses Briefing der auszulagernden Aufgabe erstellt. Der Auftraggeber ist klar und im eigenen Interesse in der Pflicht, möglichst umfassend und genau zu erklären, worum es geht und welche Erwartungen er an den Dienstleister stellt. Nur so lassen sich Missverständnisse und Fehlinterpretationen vermeiden, und einer zielgerichteten Bearbeitung des Auftrages steht nichts mehr im Weg.

(2) **Frühzeitiger Schulterblick:** Eine Methode, als Auftraggeber frühzeitig den Status quo einer ausgelagerten Projektarbeit zu überprüfen, ist ein Schulterblick-Termin mit dem Auftragnehmer. Ziel ist es, bereits nach relativ kurzer Arbeitsphase die Arbeitsweise und die Richtung des Projekts überprüfen und bei Bedarf anpassen zu können. Bei größeren Projekten sind mehrere Schulterblick-Termine empfehlenswert, um zu vermeiden, dass Dienstleister auf ein falsches Ziel hinarbeiten.

(3) **Feststehende Routinen:** Viele Projekte erfordern eine regelmäßige Abstimmung zwischen Auftraggeber und Dienstleister. Insbesondere dann, wenn viele Personen und Abteilungen involviert sind, gilt es, bei Projektbeginn klare Kommunikations- und Abspracherichtlinien zu vereinbaren. In der Praxis lässt sich dies beispielsweise durch einen regelmäßig stattfindenden Jour fixe erreichen.

(4) **Detailliertes Feedback:** Oft vernachlässigt, aber für eine langfristige Zusammenarbeit von enormer Bedeutung ist das Feedbackgespräch nach Projektabschluss. Im Interesse beider Partner sollten Stärken und Schwächen des Projekts noch einmal ausführlich besprochen werden. Nur so können sie aus Fehlern lernen und künftig noch bessere Projektergebnisse erzielen.

Zusammenfassend lässt sich festhalten, dass die Entscheidung für oder gegen die Auslagerung von Kommunikationsaufgaben letztendlich individuell und situationsspezifisch getroffen werden sollte. Es ist nicht möglich, verallgemeinernd zu sagen, ob bestimmte Aufgaben grundsätzlich besser ausgelagert oder intern umgesetzt werden sollten.

Outsourcing ist dann erfolgreich, wenn Auftraggeber und Auftragnehmer ein gemeinsames Grundverständnis über die eigenen Rollen, die notwendigen Tätigkeiten und insbesondere das erwartete Ergebnis haben. Gefragt sind an dieser Stelle beide Seiten: Der Auftraggeber sollte möglichst umfassend und konkret seine Vorstellungen formulieren und die für die Umsetzung relevanten Informationen und Materialien möglichst lückenlos und zeitnah zur Verfügung stellen. Der Auftragnehmer hingegen hat die Pflicht, die Vorstellungen des Auftraggebers als Berater kritisch zu hinterfragen und diejenigen Informationen einzufordern, die er benötigt, um die Kommunikationsaufgabe erfolgreich zu lösen.

Über den Zeitraum der Zusammenarbeit entstehen Lernkurven, die das Zusammenspiel von Auftraggeber und Auftragnehmer weiter verbessern. Vor diesem Hintergrund kann eine längerfristig angelegte Zusammenarbeit beim Outsourcing zu einem Erfolgsmodell für beide Seiten werden.

Aber auch hierzu lassen sich keine pauschalen Aussagen treffen: Durch eine längere Zusammenarbeit kann es nämlich durchaus auch zu einer „Betriebsblindheit" aufseiten des Dienstleisters kommen, die wiederum dazu führt, dass dieser neue Kommunikationsaufgaben mit Methoden und Konzepten löst, die sich in der Vergangenheit beim Auftraggeber bewährt haben. In der Folge kommen möglicherweise Innovation und Kreativität zu kurz. Vor diesem Hintergrund sind *Pitches*[40] geeignet, um den jeweils besten Dienstleister für eine neue Kommunikationsaufgabe zu identifizieren.

[40] Ein Pitch ist ein Wettbewerb, bei dem sich mehrere Dienstleister mit konkreten Ideen/Vorschlägen darum bewerben, eine ausgeschriebene Leistung zu erbringen.

4 Live aus der Praxis – Fallbeispiele für spezifische Kommunikationsstrategien

Dieses Kapitel veranschaulicht vier ausgewählte Kommunikationsprobleme anhand von Fallbeispielen. Es zeigt, vor welchen kommunikativen Herausforderungen die jeweiligen Unternehmen standen und wie sie diese durch gezielte Kommunikationsmaßnahmen lösen konnten.

Auf dem weiten Gebiet der Unternehmenskommunikation gibt es eine Vielzahl von Fallbeispielen. Aufgrund des Anspruchs dieser Buchreihe, nur das Wesentliche in einem Band zu präsentieren, beinhaltet die vorgestellte Auswahl Kommunikationsprobleme, die die meisten Unternehmen betreffen. Ihre Relevanz belegt unter anderem die Studie „European Communication Monitor 2010", für die rund 2.000 Kommunikationspraktiker in ganz Europa zur Bedeutung verschiedener Kommunikationsdisziplinen befragt wurden. Krisenkommunikation und Public Affairs zählen demnach derzeit zu den fünf wichtigsten Disziplinen der Unternehmenskommunikation.[41]

Insbesondere bei diesen beiden Themen ist Diskretion oft ein zentrales Gebot: Krisen, die sich verhindern ließen oder deren Ausmaß geringer ausfiel als zunächst befürchtet, sollten nicht nachträglich noch einmal heraufbeschworen werden. Auch Ergebnisse gezielten Lobbyings könnten durch die Offenlegung der Aktivitäten das Gegenteil von dem bewirken, was erreicht werden sollte. Das hat nichts mit unlauteren Methoden zu tun, sondern schlicht mit den Mechanismen der Meinungsbildung.

Vor diesem Hintergrund ist es besonders erfreulich, an realen Fallbeispielen zeigen zu können, wie Public Affairs (als junge Disziplin der Unternehmenskommunikation) und Krisenkommunikation (als eine der grundlegenden und ältesten Kommunikationsaufgaben) betrieben werden. Im Fallbeispiel „Public Affairs" (Kapitel 4.1)

[41] Vgl. Zerfaß et al. (2010), S. 64.

veranschaulicht Johannes Lehken, wie ein Verband gegen das drohende Verbot bestimmter Substanzen vorgegangen ist. Dem Verfasser gelingt dabei die Gratwanderung zwischen der erforderlichen Verschwiegenheit und dem Anspruch, einen möglichst tiefen Einblick in die Kommunikationsaktivitäten seines Auftraggebers zu geben. Im zweiten Fallbeispiel „Krisenkommunikation" (Kapitel 4.2) zeigen Dr. Michael Helbig und Wolfram Schweickhardt, wie die KfW Bankengruppe, die nach der Überweisung eines Millionenbetrags an die kurz zuvor insolvent gegangene Investmentbank Lehman Brothers als „dümmste Bank Deutschlands" betitelt wurde, die Reputationskrise als Chance für sich nutzen und gestärkt aus der Krise hervorgehen konnte.

Die beiden darauf folgenden Fallbeispiele beziehen sich ebenfalls auf wichtige – und vor allem sehr aktuelle – Herausforderungen der Unternehmenskommunikation. Vor dem Hintergrund des eingangs beschriebenen Mangels an Nachwuchskräften wird in vielen Unternehmen das Thema „Employer Branding" immer wichtiger. Diese Aufgabe ist an der Schnittstelle von Kommunikations- und Personalmanagement angesiedelt. Denn es geht darum, das Unternehmen als attraktiven Arbeitgeber zu positionieren, um durch ein gutes Arbeitgeberimage im Kampf um hoch qualifizierte Fach- und Führungskräfte *(War for Talent)* gegen den Wettbewerb bestehen zu können. Schon heute gilt das nicht nur für Unternehmen, die stark nachgefragte Berufsgruppen wie Ingenieure und Naturwissenschaftler beschäftigen. Ein positives Arbeitgeberimage ist für alle Branchen relevant, wie Matthias Mehlen im Fallbeispiel McDonald's verdeutlicht (Kapitel 4.3). Er zeigt, wie das Unternehmen durch eine umfassende Employer-Branding-Kampagne den Wandel vom Image eines „McJob-Anbieters" hin zu einem attraktiven Arbeitgeber einleiten konnte.

Aber auch Unternehmen, die keinen hohen Bekanntheitsgrad haben und nicht über umfangreiche Kommunikationsbudgets verfügen, stehen vor der Herausforderung, ein positives Arbeitgeberimage aufzubauen, um ihren künftigen Fach- und Führungskräftebedarf decken zu können. Dabei hilft ihnen der Campus of Excellence, der mittelständische Unternehmen in strukturschwachen Regionen frühzeitig mit Schülern und Studierenden vernetzt. Sowohl zur Positionierung des Campus-Netzwerks als auch zur Gewinnung geeigneter Fach- und Führungskräfte verfolgt der Campus of Excellence eine konsequente Social-Media-Strategie, wie das vierte Fallbeispiel von Dr. Heiko Reisch verdeutlicht (Kapitel 4.4). Er greift damit ein Thema auf, das nach Einschätzung von Kommunikationsexperten aus ganz Europa in den nächsten drei Jahren weit oben auf der Liste ihrer Herausforderungen steht. Sie sind sich einig, dass das Thema Social Media dramatisch an Bedeutung gewinnen wird und dass soziale Netzwerke, Online-Videos, Weblogs und Microblogs in Zukunft zu wichtigen Instrumenten der Unternehmenskommunikation werden.[42]

Die hier skizzierten Kommunikationsprobleme werden in den folgenden vier Fallbeispielen veranschaulicht. Die Beiträge sind von renommierten Praktikern aus dem Bereich der Unternehmenskommunikation geschrieben worden, die alle selbst einen Beitrag geleistet haben, um das jeweils beschriebene Kommunikationsproblem zu lösen. An dieser Stelle gebührt allen Verfassern ein ganz herzlicher Dank für ihre interessanten und praxisnahen Einsichten aus erster Hand.

[42] Vgl. Zerfaß et al. (2010), S. 77.

4.1 Public Affairs – Wie ein drohendes Verbot verhindert werden konnte

Johannes Lehken
Associate Public Affairs, Burson-Marsteller GmbH

Public Affairs ist ein Prozess, mit dem die externen Beziehungen eines Unternehmens zu politischen Entscheidungsträgern gesteuert werden. Ziel ist es, durch Überzeugungsleistung und den Aufbau von Vertrauen zwischen Unternehmen und Politik die Reputation des Unternehmens zu schützen und möglichst vorteilhafte, mit den unternehmerischen Zielen in Einklang stehende gesetzliche Rahmenbedingungen zu erreichen. Für politische Entscheidungsträger sind wirtschaftliche Akteure neben der Eigenrecherche, den eigenen Mitarbeitern und anderen Behörden die wichtigste Informationsquelle bei der Ausarbeitung von gesetzlichen Regelungen.[43] Das heißt: Unternehmen haben viele Einflussmöglichkeiten, und oftmals besteht auch der explizite Wunsch seitens der Politik, dass die Wirtschaft den Entstehungsprozess von Gesetzen konstruktiv begleitet.

Da neben Behörden und Politikern auch Medien, die Wissenschaft, Nichtregierungsorganisationen und weitere Anspruchsgruppen Einfluss auf den Meinungsbildungsprozess ausüben, beinhaltet Public Affairs vielfach auch die Ansprache dieser Akteure. Public Affairs besteht daher nicht nur aus direktem Lobbying von politischen Entscheidern, sondern bedient sich auch klassischer Public-Relations-Instrumente wie der Presse- und Medienarbeit und dem Issues Management. Politische Meinungsbildungsprozesse werden heute zudem durch eine immer größere Anzahl von Akteuren auf verschiedenen politischen Ebenen mitbestimmt. Aufgrund dieser Verflechtung ist es oft entscheidend, dass ein Unternehmen sein Anliegen nicht nur auf nationaler und subnationaler Ebene vertritt. Mehr und mehr gewinnen auch die EU und internationale politische Organisationen an Gewicht.

[43] Vgl. Burson-Marsteller (2009).

Zeitweise kann erfolgreiches Public-Affairs-Management innerhalb kürzester Zeit dramatische Veränderungen für ein Unternehmen bewirken. In anderen Fällen führen nur beharrliche Public-Affairs-Aktivitäten über einen langen Zeitraum dazu, dass Leitbilder, Meinungen und politische Entscheidungen sich wandeln. Public Affairs kann beispielsweise bewirken, dass einem Wettbewerber ein Vorteil entzogen wird oder ihm Kosten aufgebürdet werden, von denen das eigene Unternehmen bereits betroffen ist. Zudem kann Public Affairs auch die Erlangung eines öffentlichen Auftrags oder die staatliche Förderung einer neuartigen Technologie oder eines innovativen Projekts begünstigen und so das Investitionsvolumen direkt beeinflussen. Andererseits besteht das Ziel oftmals jedoch auch darin, die bestehenden gesetzlichen Verhältnisse zu wahren oder besonders weitreichende Gesetzesvorhaben abzuschwächen, beispielsweise indem ein steuerlicher Vorteil oder eine staatliche Beihilfe erhalten wird. Somit ist Public Affairs eine Methode, die dazu beiträgt, ein günstiges wirtschaftliches Umfeld zu schaffen, und die hilft, potenzielle Krisen besser vorauszuahnen und abzuwenden. Auch wenn sich nicht jede Krise verhindern lässt, trägt Public Affairs doch dazu bei, deren negative Auswirkungen zu minimieren. Zumeist führt Public Affairs jedoch nur dann zu einem Wettbewerbsvorteil, einem gesteigerten Markenwert und Vertrauen seitens der Verbraucher, Kunden, Mitarbeiter und Aktionäre, wenn es als zentraler Bestandteil der Unternehmensstrategie verstanden wird.

Noch vor etwa 10 Jahren räumte die Mehrzahl der Top-Entscheider großer europäischer Unternehmen der Public-Affairs-Funktion nicht diesen zentralen Stellenwert ein.[44] Obwohl diese Haltung sich vielerorts stetig wandelt, gilt es, durch eine strukturierte Nachweisführung immer wieder den unternehmerischen Mehrwert erfolgreicher Public Affairs aufzuzeigen.

[44] Vgl. Spencer (2004).

4.1.1 Ausgangslage

Am 27. Januar 2003 wurde eine EU-Richtlinie verabschiedet, die die Verwendung bestimmter gefährlicher Stoffe in Elektro- und Elektronikgeräten[45] beschränkte. Aufgrund der voranschreitenden globalen Vernetzung von Wirtschaftsprozessen und der zunehmenden Angleichung von gesetzlichen Regelungen in den großen Industrienationen hatte diese sogenannte RoHS-Richtlinie weltweit enorme Auswirkungen auf den gesamten Wirtschaftszweig. Diese Verbote zwangen viele Erzeuger dazu, bewährte und teilweise auf breiter Front standardmäßig eingesetzte Produktionsverfahren rigoros umzustellen.

Sechs Jahre später gab es bei der Überarbeitung der RoHS-Richtlinie Bestrebungen, die Liste der zu regulierenden Stoffe zu erweitern und eine weitere Kandidatenliste mit Stoffen aufzunehmen, die für eine Regulierung vorrangig zu bewerten seien. Die Vorschläge für die Stofflisten, die die Entscheider im Europäischen Parlament, im Rat und der Kommission diskutierten, enthielten zwischenzeitlich bis zu 27 Stoffe und Stoffgruppen. Dies rief eine Vielzahl betroffener Industrieverbände und Unternehmen auf den Plan, die sich zumeist gegen, teilweise aber auch für die Beschränkungen einzelner oder all dieser Stoffe aussprachen. Die im März 2011 beschlossene Endfassung sah jedoch keine Erweiterung der bestehenden Stoffliste vor.[46] Die folgenden Ausführungen zeigen, mit welchen Public-Affairs-Aktivitäten sich ein betroffener Unternehmensverband gegen ein drohendes Verbot der chemischen Stoffe zur Wehr setzte, die seine Mitglieder produzierten.

---

[45] Richtlinie 2002/95/EG des Europäischen Parlaments und des Rates vom 27. Januar 2003 zur Beschränkung der Verwendung bestimmter gefährlicher Stoffe in Elektro- und Elektronikgeräten, Amtsblatt der Europäischen Union L 37 vom 13. Februar 2003.

[46] Die überarbeitete RoHS-Richtlinie 2011/65/EU wurde am 1. Juli 2011 im europäischen Amtsblatt publiziert und trat am 21. Juli 2011 in Kraft.

4.1.2 Vorbereitung

Die Basis einer jeden Public-Affairs-Kampagne ist das sogenannte *Monitoring*, die auf einer strukturierten Beobachtung beruhende Informations- und Sachstandsaufbereitung der gesellschaftlichen Entwicklungen, die für das Unternehmen relevant sind, und der damit verbundenen politischen Entscheidungsprozesse. Schon bevor das formale Gesetzgebungsverfahren für die überarbeitete RoHS-Richtlinie begann, zeigten zwei Faktoren eine potenzielle Betroffenheit an: ein von der Europäischen Kommission in Auftrag gegebener Bericht eines externen Forschungsinstituts, in dem verschiedene politische Handlungsoptionen bewertet wurden, sowie Verbotsforderungen einzelner Nichtregierungsorganisationen. Das Monitoring hatte seinen Zweck als Frühwarnsystem somit bereits erfüllt und diente im weiteren Verlauf als Basis für Entscheidungen zur Strategie und zu konkreten Maßnahmen.

Eine weitere Grundvoraussetzung für erfolgreiche Public Affairs ist ein klares Verständnis des anstehenden Gesetzgebungsverfahrens und der formalen sowie der informellen Rolle, die einzelne Gremien und politische Akteure darin spielen. Als primäre Kommunikationszielgruppen identifizierte der Verband demnach die mit der Erarbeitung der Richtlinie betrauten Entscheider, also vor allem die Mitglieder des federführenden Umweltausschusses im Europäischen Parlament, die relevanten Abteilungen innerhalb der Kommission und aufseiten der im Rat vertretenen Mitgliedstaaten. Darüber hinaus gab es weitere Gremien, Behörden, internationale Organisationen, nationale Parlamentarier sowie Drittstaaten, die durch ihre Meinungsführerschaft, ihre fachliche Kompetenz, ihr besonderes politisches oder wirtschaftliches Interesse oder durch ihre Einbindung in formellen oder informellen Konsultationen einen indirekten Einfluss auf die Entscheidung nahmen. Diese Akteure wurden als sekundäre Kommunikationszielgruppen klassifiziert.

In ähnlicher Weise machte der Verband Nichtregierungsorganisationen, Industrieverbände und Einzelunternehmen auf nationaler und auf EU-Ebene ausfindig, die sich vermutlich ebenfalls in den Meinungsbildungsprozess einbringen würden oder gar bereits als lautstarke Befürworter oder Gegner neuer Stoffverbote auftraten. Das Monitoring erlaubte dabei auch eine erste Einschätzung der jeweiligen Haltungen, Bedenken und Ziele im Hinblick auf die Überarbeitung der RoHS-Richtlinie. Die so gewonnenen Erkenntnisse konkretisierte der Verband während des Gesetzgebungsverfahrens auf Basis kontinuierlicher Kontaktaufnahmen und durch das Monitoring und dokumentierte fortlaufend Änderungen. Zudem bestimmte er gleich zu Beginn die Unternehmens- und Verbandsvertreter, die die Gesetzgebung begleiten sollten, sowie die entsprechenden Entscheidungsstrukturen.

4.1.3 Analyse und Kommunikationsstrategie

Über die Aufbereitung des Sachstands hinaus gilt es, konkrete politische Optionen und Kommunikationsstrategien zu erarbeiten. Wenn Unternehmen ihre Interessen gegenüber der Politik kommunizieren, ist es oftmals von entscheidender Bedeutung, dass diese nicht nur mit dem eigenen Vorteil, sondern auch mit übergeordneten politischen und gesellschaftlichen Zielen korrespondieren und durch unabhängige, faktenbasierte Belege untermauert werden. Lediglich deutlich zu machen, dass man ein bestimmtes Stoffverbot ablehnt, weil dies zu wirtschaftlichen Nachteilen für das eigene Unternehmen führt, reicht in aller Regel nicht aus.

Im vorliegenden Fall lag der Schwerpunkt der Kommunikation darauf, deutlich zu machen, dass eine Doppelregulierung vermieden und verlässliche, auf wissenschaftlichen Erkenntnissen beruhende gesetzliche Rahmenbedingungen geschaffen werden sollten. Dieses Anliegen teilten Vertreter der Kommission, der großen politischen Lager im Europäischen Parlament sowie zahlreiche Mitgliedstaaten.

Mit der sogenannten REACH-Verordnung[47] bestand bereits ein umfassendes Regelwerk, welches das Inverkehrbringen von Chemikalien für alle Anwendungsgebiete europaeinheitlich regeln soll. Viele der zur Diskussion gestellten Stoffe hatten bereits eine auf wissenschaftlichen Methoden und Erkenntnissen beruhende Risikobewertung unter REACH ohne signifikante Beanstandungen durchlaufen. Der Verband machte sich deshalb dafür stark, dass die Bewertung von Risiken, die von der Verwendung bestimmter Chemikalien ausgehen, auf der REACH-Verordnung und somit auf wissenschaftlicher Basis erfolgt und nicht politisch motivierten Neigungen ausgesetzt wird.

Da schnell klar wurde, dass eine vollständige Harmonisierung beider Richtlinien als politische Option nicht infrage kam, strebte der Verband zumindest eine möglichst enge Anlehnung an das Regelwerk der REACH-Verordnung an. So setzte er sich dafür ein, dass die wirtschaftlichen Akteure von übermäßiger Bürokratie befreit werden und ein unverhältnismäßig drastisches Einwirken in den globalen Markt für elektrische und elektronische Geräte verhindert wird. Wie Erfahrungen aus anderen Bereichen verdeutlichten, führt auch eine Liste mit Kandidatenstoffen oft dazu, dass die enthaltenen Stoffe in ein negatives Licht gerückt werden und viele Marktteilnehmer nach Möglichkeit vorsorglich Alternativstoffe verwenden, um sich vor den negativen Auswirkungen eines späteren Verbots zu schützen.

Seine übergreifenden Ziele – ein Verbot der Produkte seiner Mitglieder in elektrischen und elektronischen Geräten und deren Aufnahme in eine Kandidatenliste zu verhindern – formulierte der Verband demnach unter Berücksichtigung der im politischen Umfeld

---

[47] Verordnung (EG) Nr. 1907/2006 des Europäischen Parlaments und des Rates vom 18. Dezember 2006 zur Registrierung, Bewertung, Zulassung und Beschränkung chemischer Stoffe (REACH), zur Schaffung einer Europäischen Chemikalienagentur, zur Änderung der Richtlinie 1999/45/EG und zur Aufhebung der Verordnung (EWG) Nr. 793/93 des Rates, der Verordnung (EG) Nr. 1488/94 der Kommission, der Richtlinie 76/769/EWG des Rates sowie der Richtlinien 91/155/EWG, 93/67/EWG, 93/105/EG und 2000/21/EG der Kommission, Amtsblatt der Europäischen Union L396 vom 30. Dezember 2006.

vorherrschenden Argumente, Werte und Interessen in Form einer politischen Kernforderung wie folgt: Es muss ein unmissverständliches, auf wissenschaftlichen Erkenntnissen beruhendes Verfahren zur Beschränkung von Stoffen geben, welches in Einklang mit dem risikobasierten Ansatz der bestehenden Chemikalienverordnung REACH steht und politisch motivierten Einfluss unterbindet.

4.1.4 Umsetzung

Da die Diskussion in der breiten Öffentlichkeit weniger beachtet wurde, richtete der Verband das Hauptaugenmerk seiner Kampagne darauf, die Entscheidungsträger und Vorbereiter direkt anzusprechen. Persönliche Gespräche mit Politikern und Beamten, die Übersendung von Positionspapieren und ein vom europäischen Dachverband der chemischen Industrie organisiertes Symposium zur RoHS-Richtlinie dienten dazu, die eigenen Kernbotschaften und Forderungen zu manifestieren. Das Public-Affairs-Personal des Verbands traf Entscheidungsträger nicht nur in Brüssel, sondern auch in den Mitgliedstaaten selbst, wo die Public-Affairs-Aktivitäten jeweils geringfügig an die wirtschaftlichen, politischen und kulturellen Rahmenbedingungen angepasst wurden. Je nach Stand im Prozess sprachen sie Beamte in den unterschiedlichen hierarchischen Rängen an. Besonderen Wert legten sie darauf, die Vorbereiter anzusprechen, also die Mitarbeiter von Abgeordneten und die Referenten in den Ministerien, die oft eine wichtige Beraterrolle für ihre Vorgesetzten einnehmen.

Einen weiteren Schwerpunkt bildeten die Mobilisierung von und der Austausch mit potenziellen Verbündeten, insbesondere jenen innerhalb der chemischen, der Plastik- und Elektronikindustrie. Dadurch, dass die Kommunikation des Verbands sich nicht darauf beschränkte, primär seine eigenen Produkte zu verteidigen, sondern einen allgemeinen, produktübergeordneten Ansatz verfolgte, vergrößerten sich die Möglichkeiten der Zusammenarbeit, insbesondere mit den großen Industrieverbänden, die eine ähnliche Kommunikationsstrategie verfolgten. Vielen dieser Akteure, die ihre Public-Affairs-Aktivitäten gleichzeitig auf eine ganze Reihe parallel laufender Gesetzgebungsverfahren richteten, musste der Verband jedoch zunächst die Signifikanz und die möglicherweise einschneidenden Folgen einer ungünstigen Ausgestaltung der RoHS-Richtlinie vor Augen führen. So hatten verschiedene Industrieverbände erst vergleichsweise spät ihren Ressourceneinsatz verstärkt. Im Laufe der Kampagne bildete sich ein loses Bündnis. Eine solche „Ad-hoc-Koalition" erweist sich häufig als effizienter als ein festes Langzeitbündnis mit komplexen Entscheidungsstrukturen. Dabei müssen nicht alle Aktivitäten gemeinsam stattfinden. Wichtig ist, dass die Kernaussagen gleich oder zumindest ähnlich und komplementär sind. In einem Fall wie diesem kann es sogar besser sein, dass die Entscheidungsträger über viele verschiedene Kommunikationskanäle von unterschiedlichen Akteuren die gleiche Botschaft empfangen, da sich auf diesem Wege die gesamte Breite der Unterstützerfront besonders stark verdeutlicht und nicht der Eindruck entsteht, es handele sich um einen Minimalkonsens oder eine Position, die ausschließlich von den großen Akteuren innerhalb der Spitzenverbände erzwungen wurde. Bei der Medienansprache verfuhr der Verband nicht nach dem Gießkannenprinzip, sondern konzentrierte den Ressourceneinsatz auf jene Medien, die die relevanten Entscheidungsträger und Marktteilnehmer vorrangig konsultieren. Pressemitteilungen zu wichtigen Zwischenergebnissen der Gesetzgebung und Interviewangebote richteten sich demnach vornehmlich an jene Medien, die auf EU-Politik und die Elektro- und Elektronikindustrie spezialisiert sind. Ziel war es, in deren Berichterstattung jeweils mit den eigenen Kernbotschaften vertreten zu sein.

4.1.5 Evaluierung und Fazit

Von Zeit zu Zeit musste der Verband seine Kommunikation geringfügig anpassen und konkretisieren. So konterte er auf Verlautbarungen der Befürworter weiterreichender Verbote. Zudem reagierte er auf den dynamischen Meinungsbildungsprozess, der sich in Richtung eines von der Mehrheit der beteiligten politischen Organisationen getragenen Kompromisses entwickelte. Der angestrebte große Schritt in Richtung einer Harmonisierung mit der risikobasierten und stärker auf wissenschaftlichen Erkenntnissen beruhenden REACH-Verordnung erwies sich als politisch nicht mehrheitsfähig. So betonte der Verband zwar weiterhin die Forderung nach einer Harmonisierung, formulierte aber gleichzeitig auch Optionen für einen Kompromiss. Dabei ist es wichtig zu verstehen, dass eine hundertprozentige Erreichung der eigenen Ziele in den meisten Fällen auch nicht wahrscheinlich ist. Die Akteure, die einen Weg zu einem guten Kompromiss aufzeigen, sind oft die, die am meisten gewinnen können.

Letztendlich wurden keine weiteren Stoffe in die Richtlinie aufgenommen. Es wurde ein Verfahren zur Beschränkung weiterer Stoffe festgelegt, das zumindest auch Bezug auf die REACH-Verordnung nahm. Einzig das beschlossene Verbotsverfahren blieb in mancherlei Hinsicht vage, und es bleibt abzuwarten, wie groß der politische Einfluss in Zukunft sein wird. Der Kompromisstext wurde bereits in erster Lesung vom Parlament angenommen. Eine formale Entscheidung seitens des Ministerrats steht zwar zum jetzigen Zeitpunkt noch aus. Hierbei handelt es sich jedoch lediglich um eine Formsache.

Wohl entscheidend für den Erfolg der Kampagne war, dass der Verband bereits sehr früh den Dialog mit der Politik suchte und den Kontakt bis zum Ende kontinuierlich aufrechterhielt, dass er seine Hauptargumentation vornehmlich auf übergeordnete und nicht auf produktspezifische Kernaussagen stützte – und dass er den Kontakt zu einer Vielzahl Verbündeter aufrechterhielt und sich als kompromissfähig erwies.

4.2 Krisenkommunikation – Wie sich „Deutschlands dümmste Bank“ rehabilitieren konnte

Dr. Michael Helbig, Leiter Unternehmenskommunikation
Wolfram Schweickhardt, Stellvertretender Pressesprecher
KfW Bankengruppe

Krisen können durch ganz unterschiedliche Dinge ausgelöst werden: Umweltverschmutzung (wie im Falle BP im Golf von Mexiko), Korruptionsaffären (wie bei Siemens oder Ferrostaal), Naturkatastrophen (wie das Erdbeben mit anschließendem Tsunami in Japan) oder Terroranschläge (wie der Anschlag auf das World Trade Center am 11. September 2001) oder aus dem Zusammenhang gerissene Bilder (wie Josef Ackermanns Victory-Zeichen beim Mannesmann-Prozess). Solche und andere Ereignisse stellen Unternehmen vor außergewöhnliche Herausforderungen. Eine schnelle und zugleich durchdachte Reaktion des Unternehmens ist gefragt. Denn oft sind es weniger die Ereignisse selbst als vielmehr Defizite beim Krisenmanagement, die für Negativschlagzeilen sorgen und das über Jahre aufgebaute Vertrauen zerstören.

Allen Vorkehrungen zum Trotz kann es – auch bei den am besten aufgestellten Unternehmen – immer wieder zu Krisen kommen. Die Frage lautet also nicht nur, *ob* eine Krise eintreten kann, sondern auch, *welche* es sein wird, *wann* sie zu erwarten ist und *wie* das Unternehmen mit ihr umgeht. Idealerweise können verschiedene Faktoren bereits im Vorfeld dazu beitragen, potenzielle Krisen auf möglichst „kleiner Flamme zu halten“: eine bereits zuvor aufgebaute Glaubwürdigkeit, ein etabliertes vertrauensvolles Verhältnis zu wichtigen Journalisten sowie ein professionelles Kommunikationsmanagement. Schlägt eine Krise allerdings voll ein, ist eine professionelle Krisenkommunikation erforderlich. Denn diese – und darin herrscht in Literatur und Unternehmenspraxis Einigkeit – trägt dazu bei, den Unternehmenswert zu erhalten.[48]

[48] Vgl. Höbel (2007), S. 876.

Ob die Ursache einer Krise im operativen Geschäft oder außerhalb des Unternehmens liegt – fast immer ist sie auch eine besondere kommunikative Herausforderung. Das US-amerikanische Institute for Crisis Management (ICM) konstatiert im aktuellen Jahresbericht, dass die meisten Krisen nicht aus plötzlichen oder unvorhersehbaren Ereignissen resultierten, sondern aus Bedingungen heraus entstanden, die bereits im Vorfeld absehbar und in Teilen bereits bekannt waren. Dennoch wurde das Krisenpotenzial auf Unternehmensseite nicht gesehen oder falsch eingeschätzt.[49]

Nicht immer kann ein Unternehmen die kommunikativen Herausforderungen einer Krise aus eigener Kraft bewältigen. Dann können krisenerfahrene externe Berater oft hilfreich sein. Sie können ihre Erfahrungen und ihr Spezialwissen ebenso einbringen wie ihre objektive und unabhängige Perspektive. Auf dieser Basis können sie das Unternehmen effektiv dabei unterstützen, Krisenrisiken zu identifizieren, Krisenpläne vorzubereiten und im Krisenfall die beste Strategie zu finden und professionell umzusetzen.

4.2.1 Die Krise der KfW Bankengruppe und ihre Überwindung

Als die KfW am Donnerstag, dem 18. September 2008 zum Gegenstand der Titelschlagzeile der BILD-Zeitung wird, rückt eine Institution als „Deutschlands dümmste Bank!" schlagartig in das Bewusstsein einer breiten Öffentlichkeit, die bis dahin nur wenige Menschen außerhalb der Finanzbranche kannten. Die KfW, 1948 als „Kreditanstalt für Wiederaufbau" gegründet, erlebt im Jahr ihres sechzigjährigen Bestehens eine nie gekannte Publizität – allerdings unter negativen Vorzeichen. Am Morgen des 15. September 2008, eines Montags, hat die KfW der Investmentbank Lehman Brothers 319 Millionen Euro überwiesen, obwohl diese kurz zuvor Insolvenz angemeldet hatte und dieser Schritt am vorangegangenen Wochenende bereits absehbar gewesen war. Die Folge: Zwei Vorstände

[49] Vgl. Institute for Crisis Management (2010).

werden fristlos entlassen, die Aufsichtsgremien geraten unter politischen und medialen Druck, die Staatsanwaltschaft nimmt Ermittlungen wegen des Verdachts der Untreue auf. Die Medien berichten in einer nie da gewesenen Intensität über den Skandal.

Wenige Wochen nach dem Vorfall, im November 2008, steigt die allgemeine Bekanntheit der KfW auf Rekordwerte. 51 Prozent der Bevölkerung haben die KfW-Berichterstattung über die Lehman-Überweisung wahrgenommen; 63 Prozent davon bewerten die Diskussion negativ. 7 Prozent der Menschen in Deutschland kennen die KfW ausschließlich aus der überwiegend negativ gefärbten Medien-Berichterstattung.

Die heftige Reaktion von Politik, Medien und Öffentlichkeit auf den Lehman-Vorfall hat mehrere Ursachen. Bereits ein Jahr zuvor war die KfW von der aufkommenden Finanzkrise betroffen. Die Düsseldorfer IKB, an der die KfW eine Beteiligung von 38 Prozent hielt, war die erste deutsche Bank, die durch ihre Investitionen in sogenannte „US-Ramsch-Hypotheken" in Schwierigkeiten gekommen war. Die IKB musste vom Bund und ihrer Hauptaktionärin KfW in mehreren Schritten mit rund 10 Milliarden Euro vor dem Kollaps gerettet werden. Die finanzielle Hauptlast hatte die KfW zu tragen, sie trug ihr in den Jahren 2007 und 2008 bilanzielle Verluste in nie gekannten Dimensionen ein.

Das unglückliche Engagement der KfW bei der IKB wurde vor allem in den Wirtschaftsmedien kritisch begleitet, zunächst ohne nachhaltige Konsequenzen für die Reputation der KfW. Nachdem die IKB sowohl im Vorstand als auch im Aufsichtsrat personelle Veränderungen vorgenommen und die KfW Ende August 2008 ihre Anteile an der KfW erfolgreich veräußert hatte, normalisierte sich der Medientenor gegenüber der KfW in den nachfolgenden Wochen, und der Weg zur Normalität schien vorgezeichnet. Bis zu diesem Montag, dem 15. September 2008.

Der „Lehman-Vorgang" wird publik, als die Frankfurter Allgemeine Zeitung am 17. September unter dem Titel „KfW überweist Lehman zum Konkurs 300 Millionen Euro" darüber berichtet. Dieser Artikel löst ein gewaltiges mediales Echo aus. Anders als noch bei der

Rettung der IKB greifen nun neben der überregionalen Tages- und Wirtschaftspresse auch die Boulevardzeitungen, die regionalen Medien sowie Hörfunk und Fernsehen das Thema auf.

Die Lehman-Überweisung hat für die KfW aus mehreren Gründen gravierende Folgen. Ein zentraler Faktor ist ihr Zeitpunkt: Das Ereignis steht in unmittelbarem Kontext mit dem Zusammenbruch einer der größten Investmentbanken der Welt. Die Insolvenz von Lehman Brothers allein hat für Schockwellen in der Finanzwelt und darüber hinaus gesorgt. Bis zu diesem Zeitpunkt ist die Finanzkrise für die deutsche Öffentlichkeit nicht erlebbar gewesen, sondern ein Ereignis, das sich im fernen Amerika abspielt. Es gibt weiterhin Geld am Bankautomaten, alle Produkte in den Geschäften zu kaufen, und die Menschen haben keinerlei Inflationssorgen.

Vor diesem Hintergrund steigt der Druck auf die KfW aus mehreren Seiten erheblich an:

Kompetenz-Diskussion

Der Lehman-Vorgang schürt Zweifel an der Kompetenz der Bank, nachdem die KfW aufgrund ihrer Rolle als Großaktionärin schon für die Schieflage der IKB mitverantwortlich gemacht wurde, weil der Aufsichtsrat, der neben Vertretern der KfW eine Reihe prominenter Persönlichkeiten aus Industrie und Finanzbranche umfasste, die fatalen Fehlinvestments des damaligen IKB-Vorstands nicht verhindert habe. Hierbei fokussierte sich die Kritik vor allem auf die KfW als Repräsentantin des Staates, die zudem die Hauptlast der Maßnahmen zur Rettung der IKB zu tragen hatte. Erst im August 2008 ist es der KfW gelungen, ihre Anteile an der IKB zu veräußern. Mit dem Lehman-Vorgang nur wenige Wochen später scheint der Beweis erbracht, dass die KfW den Anforderungen der internationalen Finanzmärkte nicht gewachsen ist.

Ordnungspolitische Diskussion

Die Kompetenz-Diskussion weitet sich bald auf eine grundsätzliche Debatte über die Aufgaben einer staatlichen Förderbank und deren Grenzen aus. Obwohl die Lehman-Überweisung Teil eines alltäglichen Geschäfts zur Absicherung vor Wechselkursrisiken war, gerät die KfW bei einigen Medien in den Verdacht, an den internationalen Finanzmärkten „gezockt" und sich dabei verspekuliert zu haben. Dies gibt einigen Kritikern Anlass, Sinn und Nutzen einer staatlichen Förderbank grundsätzlich infrage zu stellen.

Anforderung an die Förderung

Trotz dieser ordnungspolitischen Diskussion werfen die finanziellen Belastungen, die die KfW durch die Rettung der IKB und die Lehman-Überweisung zu tragen hat, die Frage auf, ob die KfW überhaupt in der Lage sei, ihrem gesetzlichen Förderauftrag weiter in vollem Umfang nachzukommen. Hierzu zählen vor allem die Unterstützung des Mittelstandes, die Finanzierung von Gründungen und Innovationen, das Engagement im Umwelt- und Klimaschutz wie in der internationalen finanziellen Zusammenarbeit. Die KfW hat sich hier der Frage zu stellen, ob mittelständische Unternehmen, Gründer oder Hausbesitzer mittelbar unter den finanziellen Einbußen der KfW zu leiden haben.

Parteipolitisches Spannungsfeld

Der Lehman-Vorfall ereignet sich ziemlich genau ein Jahr vor den Bundestagswahlen im September 2009. Zu diesem Zeitpunkt ist das politische Klima in Berlin bereits von dem Bemühen der Parteien gekennzeichnet, sich für den bevorstehenden Wahlkampf günstig aufzustellen. Als staatliche Förderbank verfügt die KfW mit dem Verwaltungsrat über ein Aufsichtsgremium, in dem Politiker aller im Bundestag vertretenen politischen Parteien repräsentiert sind. All dies trägt ebenfalls zu einem außerordentlich hohen öffentlichen und medialen Druck auf die KfW bei.

4.2.2 Kommunikationsstrategie zur Überwindung der Krise

Für die Bewältigung der Krise waren zwei Faktoren ausschlaggebend: zum einen Voraussetzungen der Kommunikation, die bereits lange vor der Krise geschaffen worden waren, zum anderen das Verhalten im Umgang mit den Auswirkungen der Krise.

So hat sich gezeigt, dass sich eine langjährige, kontinuierliche, offene und professionelle Unternehmenskommunikation besonders bezahlt macht, wenn einmal eine Krise eintritt. Die KfW hatte bereits in den Jahren zuvor eine professionelle Kommunikation und nicht zuletzt die partnerschaftliche Zusammenarbeit mit der Presse stets als ein Investment verstanden. Auf dieses stabile und vertrauensvolle Netzwerk zu Journalisten konnte die KfW auch unter hohem öffentlichem und medialem Druck zugreifen. Durch die Pflege der persönlichen Kontakte, die Qualität der angebotenen Informationen und einen konstruktiven Umgang auch mit kritischen oder kontroversen Themen und Fragen erwies sich die KfW als verlässlicher Ansprechpartner mit hoher Glaubwürdigkeit. So fand sie auch auf dem Höhepunkt der Krise bei den Journalisten ein offenes Ohr für ihre Nachrichten und Positionen.

Der Kontakt und der Zugang zu den Journalisten ist eine wesentliche Voraussetzung dafür, eine Kommunikationsstrategie zu entwickeln und erfolgreich umzusetzen. Weitere Voraussetzungen sind der Zugang zu belastbaren Informationen aus dem eigenen Haus und die enge Abstimmung mit der Führungsebene des Unternehmens. Kommunikation ist immer eine Führungsaufgabe, in der Krise jedoch ist die Unternehmensspitze in besonderem Maße gefordert.

In diesem Bewusstsein beruhte die Strategie der KfW auf vier Säulen:

(1) **Transparenz und Schnelligkeit:** Auch nach dem Lehman-Vorfall setzte die KfW ihre transparente Kommunikationspolitik konsequent fort. In der Krise kommt dem Faktor Zeit eine besondere Bedeutung zu. Der hohe Druck von außen erlaubt kein Zögern, sondern verlangt nach schnellen, aber fundierten Informationen. Daher ist es unerlässlich, dass die Ansprechpartner im eigenen Haus kurzfristig zur Verfügung

stehen und für die kommunikativen Anforderungen sensibilisiert sind. Es gilt, neue Informationen und Erkenntnisse zu prüfen, sobald sie verfügbar sind, und diese dann allgemeinverständlich und widerspruchsfrei gegenüber den Medien und der Öffentlichkeit, aber auch allen anderen betroffenen Interessengruppen wie den Mitarbeitern oder wichtigen Geschäftspartnern zu kommunizieren. Im Fall der KfW war neben den Medien die Politik, die sich ihrerseits unter einem hohen Erwartungsdruck sah, ein wesentlicher Kommunikationspartner. Dies bedeutete, dass die KfW es gleichzeitig mit zwei Seiten zu tun hatte, die ihrerseits über ein spezifisches Spannungsverhältnis miteinander verbunden waren. Die Herausforderung für die Kommunikation der KfW bestand darin, komplexe finanzwirtschaftliche Sachverhalte möglichst vollständig und wahrheitsgemäß, gleichzeitig aber möglichst einfach und schnell zu kommunizieren und dabei die medialen Mechanismen und Gesetze zu berücksichtigen, die das Verhältnis zwischen Medien und Politik bestimmen.

(2) **Fehler eingestehen:** Neben der Darstellung der ungeschminkten Wahrheit besteht ein unerlässlicher Schritt darin, dass die Unternehmensspitze Verantwortung übernimmt. So bezeichnete der Vorstandsvorsitzende der KfW, Ulrich Schröder, den Lehman-Vorgang in einem Interview mit dem Handelsblatt am 22. September 2009 als „unentschuldbaren Vorgang". In diesem Interview nahm er umfassend zu dem Ereignis Stellung und erläuterte detailliert den Hergang und die unmittelbaren Entscheidungen und Maßnahmen. Jedoch beließ er es nicht hierbei, sondern kündigte neben kurzfristigen Initiativen umfassende und nachhaltige Veränderungen nicht zuletzt im Risikomanagement an. Über den Fortschritt bei diesen Veränderungen berichtete Schröder in den folgenden Monaten kontinuierlich und umfassend.

(3) **In die Offensive gehen**: Krise bedeutet immer Erklärungs-, Rechtfertigungs- und Handlungsdruck. In einer solchen Situation besteht für die Kommunikation eine der größten Herausforderungen darin, sich aus der Defensive zu lösen und Stück für Stück wieder in die Rolle des souverän Agierenden zurückzufinden. Wie schnell dies gelingt, hängt von verschiedenen Faktoren ab, die das Unternehmen nur zum Teil selbst beeinflussen kann. Auf diese sollte sich die Krisenkommunikation konzentrieren. Neben der bereits erwähnten Transparenz ist es zunächst wichtig, für die Probleme, die die Krise ausgelöst haben, überzeugende Lösungen zu entwickeln. Aufgabe der Kommunikation ist es, diese Lösungen verständlich darzustellen. Dazu zählen Zwischenziele und Fristen, in denen diese erreicht werden sollen. Die Erfolge auf dem Weg dorthin müssen dokumentiert und kommuniziert werden. Bei der KfW umfassten diese Lösungen sowohl kurzfristige als auch langfristige Maßnahmen, über die jeweils offen informiert wurde. Der Lehman-Vorfall war nicht nur Folge eines Zusammentreffens außergewöhnlicher Umstände, sondern hatte Schwachstellen aufgedeckt, die nun behoben wurden. Zu den sofort durchgeführten Maßnahmen zählten neben personellen Veränderungen auch Verbesserungen im Berichtswesen und Risikomonitoring. Langfristig wurde in den folgenden Monaten das Risikomanagement der KfW komplett neu strukturiert. Über all diese Schritte berichtete die KfW umfassend und zügig. Auch hier war Ulrich Schröder als Vorstandsvorsitzender der Hauptprotagonist – seine Aufgabe ist es, den Beweis zu erbringen, dass die angekündigten Veränderungen auch tatsächlich durchgesetzt worden sind.

(4) **Kompetenz beweisen:** In der sechzigjährigen Geschichte der KfW, die bis dahin als Inbegriff der Seriosität und Diskretion galt, hatte es einen Fall wie die Lehman-Überweisung noch nicht gegeben. Die Erschütterung des Vertrauens in die Kompetenz des Unternehmens war im Fall

der KfW eines der gravierendsten Krisensymptome. Es gehört zu den Gesetzmäßigkeiten der Medien, dass diese in einer solchen Situation nach weiteren Indizien für die tatsächlichen oder vermeintlichen Kompetenzprobleme suchen. Eine wesentliche Aufgabe der Kommunikation ist es, solchen Kompetenzdiskussionen aktiv zu begegnen, diese aber auch zu begrenzen. Wie bereits dargestellt, stehen hierbei zunächst Erfolge bei der Lösung der für die Krise verantwortlichen Probleme im Vordergrund. Darüber hinaus sollten aber auch alle Chancen genutzt werden, um nach und nach wieder positive Schlagzeilen zu machen. Für die KfW bot sich spätestens die Gelegenheit dazu, als die Bundesregierung zum Jahreswechsel 2008/2009 ein Konjunkturpaket schnürte, dessen zentraler Bestandteil ein milliardenschweres Kreditprogramm war, das die KfW als KfW-Sonderprogramm konzipierte und umsetzte. Nachdem sich die Krise an den internationalen Finanzmärkten in den folgenden Monaten zur schwersten Rezession seit den dreißiger Jahren entwickelt hatte, leistete die KfW mit diesem Programm in den Jahren 2009 und 2010 einen entscheidenden Beitrag dazu, dass die deutsche Wirtschaft in ausreichendem Maße Zugang zu Kapital hatte und sich schneller als erwartet von der Krise erholen konnte. Im Sommer 2009 war die KfW wieder in der Lage, die Kampagne „Konjunktur auf Tour“ durchzuführen. Mit zwei zu Infomobilen umgebauten, gasbetriebenen Stadtbussen machten Berater und Kommunikatoren der KfW in 64 deutschen Städten Station, um über Unternehmen, Bürger und Medien über das KfW Sonderprogramm zu informieren. Gleichzeitig ist es unbedingt erforderlich sicherzustellen, dass das Unternehmen keine Angriffsfläche bietet. Um dies zu verhindern, müssen intern weitere Risiken und Risikofaktoren geprüft werden. Parallel zur Auseinandersetzung mit der Krise nach außen sollte sich das Unternehmen nach innen fragen: Wo sind zuletzt möglicherweise noch Fehler passiert? Welche Entscheidungen oder Aussagen in der Vergangenheit könnten im Lichte der aktuellen Krise negativ interpretiert werden? Sollte sich tatsächlich zeigen, dass über das aktuelle Krisenthema hinaus noch weitere Reputationsrisiken bestehen, müssen auch diese vollständig analysiert und konsistente Argumentationslinien entwickelt werden, die in der internen und externen Kommunikation eingesetzt werden. Wie diese Argumentation konkret eingesetzt wird, ist von Fall zu Fall unterschiedlich. Es mag sich als sinnvoll erweisen, weitere problematische Punkte von sich aus aktiv gegenüber den Medien zu kommunizieren. Dies bietet die Chance, weiter die Deutungshoheit zu wahren und die Berichterstattung im eigenen Sinne zu beeinflussen. In einer solchen Situation können etablierte und vertrauensvolle Beziehungen zu den Medien ein weiteres Mal von großem Nutzen sein. Lässt sich auf diese Weise die Kompetenzdiskussion eingrenzen, können in einem nächsten Schritt wieder eigene erfolgreiche Aktivitäten herausgestellt werden. Im Vordergrund stehen zunächst Erfolge bei der Lösung der für die Krise verantwortlichen Probleme.

4.2.3 Fazit

Krisenkommunikation ist keine spezielle Disziplin, sondern die Fortsetzung der Kommunikation unter besonderen Voraussetzungen, unter denen Professionalität und Schnelligkeit gefragt sind. So gesehen beginnt die Krisenkommunikation bereits vor der Krise. Gute Kontakte zu Journalisten, bewährte kommunikative Standards und Prozesse, klare Zuordnungen und Ansprechpartner für den Informationsfluss, die Einbindung des Top-Managements – all dies sind unabdingbare Faktoren bei der Bewältigung einer Krise. Ein Unternehmen in der Krise, das diese Voraussetzungen erst schaffen muss, wird es schwer haben.

Oft werden Krisen von Ereignissen ausgelöst, deren Folgen anfangs noch nicht vollständig absehbar sind. Ist die Krise einmal eingetreten, sollte ihre Lösung im gesamten Unternehmen Priorität vor allen anderen Aufgaben haben, und alle verfügbaren Ressourcen sollten darauf fokussiert werden. Nur so ist es möglich, schnell zu agieren und sich aus der Rolle des Getriebenen zu lösen.

In der Krise zeigt sich die strategische Dimension der Kommunikation für ein Unternehmen. Wird in „normalen" Zeiten in manchen Firmen auch heute noch über ihre Notwendigkeit und ihren Nutzen diskutiert, zeigt sich oft erst in der Krise, wie professionelle Kommunikation den Ruf eines Unternehmens und damit einen wesentlichen Teil seines Wertes schützen kann. So schnell die Reputation durch eine Krise zerstört werden kann, so langwierig ist es, diese wieder herzustellen.

Für die KfW bedeuteten die Ereignisse im Herbst 2008 einen tiefen Einschnitt. Wie jede Krise führte dieser Einschnitt zu nachhaltigen Veränderungen und neuen Entwicklungen im Unternehmen. Die damit verbundene Chance, die beschädigte Reputation zurückzugewinnen, ist nur mit Kommunikation möglich. Die KfW hat diese Chance – in diesem Fall ohne externe Beratung – genutzt. „Die KfW feiert ihre Wiedergeburt" titelte die Frankfurter Allgemeine Zeitung am 20. März 2009, also ein halbes Jahr nach dem Lehman-Vorfall. Ein weiteres halbes Jahr später, am 9. Oktober 2010, vergab das amerikanische Magazin *Global Finance* zum 19. Mal den Preis „World's Safest Bank". Dabei wurde die KfW zum zweiten Mal in Folge als sicherste Bank der Welt ausgezeichnet.

4.3 Employer Branding – Wie kann „McJob" positiv auf eine Arbeitgebermarke einzahlen?

Matthias Mehlen
Director Corporate Affairs, McDonald's Deutschland Inc.

Als das US-Unternehmen McDonald's vor 40 Jahren auf dem deutschen Markt Fuß fasste, sah es sich ungewohnten Ansprüchen im Personalbereich gegenüber. Der Arbeitgeber McDonald's begriff damals eine kooperative Haltung gegenüber Gewerkschaften oder Investitionen in gute Arbeitsbedingungen nicht als Chance. Das Unternehmen beging in seinen Anfängen in der Kommunikation einige Fehler. Kritiker der Restaurantkette verfestigten das Bild des schlechten Jobs als Burgerbrater. „McJob" stand bald als Synonym für negativ besetzte Berufsfelder. Der Ruf von McDonald's als Arbeitgeber war überwiegend negativ.

Das Image eines Arbeitgebers ist ein hohes Gut. Eine positive Reputation ist, unabhängig von den Themen und Inhalten, nur langfristig aufzubauen; eine negative Assoziation ist dagegen schnell verfestigt und wirkt lange nach. Im Personalmanagement stand bis vor knapp 20 Jahren weniger die Reputation als Arbeitgeber im Fokus des Interesses als vielmehr die effiziente Bereitstellung von Ressourcen. Verschiedene Aspekte führten dazu, dass sich die Bedeutung des Themas wandelte. Fachkräftemangel ist ein bekannter Treiber für diese Entwicklung, darüber hinaus entsteht aber generell bei Entscheidern das Bewusstsein, dass das Arbeitgeberimage eines Unternehmens über den reinen Bewerbungsprozess hinaus von großer Bedeutung ist.

4.3.1 Employer Branding als Instrument der Unternehmenskommunikation

Unternehmen mit großem Bewerberzulauf investierten als erste in gezielte Maßnahmen zur Steigerung ihres Images als Arbeitgeber. Hier fand neben der reinen Rekrutierung auch der Gedanke Berücksichtigung, dass Bewerber potenzielle Kunden sind. Durchdachte

Absageschreiben und Bewerberdatenbanken mit dauerhafter Speicheroption waren die Resultate.

Davon abgesehen zahlen Werbemaßnahmen für den Personalbereich eines Unternehmens im besten Fall unmittelbar auf die Schlüsselfaktoren wie Mitarbeitermotivation oder Mitarbeitergewinnung ein. Aufgrund seiner Wachstumspläne hat McDonald's einen steigenden Personalbedarf – alleine zwischen 2009 und 2011 waren jedes Jahr 2.000 zusätzliche Neueinstellungen geplant. Seine Mitarbeiter möchte das Unternehmen größtenteils selbst ausbilden, um den eigenen hohen Anforderungen an Service und Qualität gerecht zu werden. Die Anwerbung geeigneter Kandidaten steht deshalb im Vordergrund der Bemühungen des Unternehmens.

Langfristiges Ziel der Investitionen in das Image als Arbeitgeber ist die sogenannte Arbeitgebermarke. Die Wahrnehmung als guter Arbeitgeber ist dabei sowohl eine Grundlage für den wirtschaftlichen Erfolg eines Unternehmens als auch ein eigenständiges Ziel. Dass dies immer mehr Unternehmen verfolgen, liegt nicht zuletzt daran, dass der Fachkräftemangel in Deutschland längst Realität ist. Der Wettbewerb um die besten Köpfe entscheidet sich nicht nur über den Geldbeutel der potenziellen Bewerber, sondern auch über das Image der Unternehmen und des Berufsbildes. Nicht von ungefähr wollen beispielsweise nur wenige Ingenieure auf Bohrinseln arbeiten, obwohl die Tätigkeit gut bezahlt ist.

Inwiefern sich die Bemühungen im Personalbereich anschließend auch auf den Absatz eines Produkts auswirken, ist von Unternehmen zu Unternehmen sicherlich unterschiedlich. Für McDonald's ist die Verbindung von Personal und Produkt ein gewichtiger Faktor. Die immer anspruchsvoller werdenden Gäste legen nicht nur Wert auf guten Service; gute Arbeitsbedingungen für die Beschäftigten sind mit ausschlaggebend für ein positives Restaurant-Erlebnis des Kunden. Marktforschungen des Unternehmens zeigen, dass ein direkter Zusammenhang zwischen der Einschätzung der Kunden über die Arbeitsbedingungen und der Konsumbereitschaft besteht. Während jedoch guter Service und Freundlichkeit der Mitarbeiter von jedem einzelnen Kunden direkt beurteilt werden können, ist dies bei den Arbeitsbedingungen, wenn überhaupt, nur indirekt möglich. Bei gut gelaunten Servicekräften liegt der Schluss nahe, dass die Arbeitsbedingungen der Beschäftigten stimmen. Das bedeutet jedoch nicht, dass der Beruf bei McDonald's purer Spaß ist – das weiß das Unternehmen, und das wissen auch die Kunden. Auch deshalb stellt McDonald's nicht eine heile Werbewelt in den Vordergrund der Kommunikation. Aus Markensicht ist es weniger der reale Eindruck im Restaurant, der sich auf die positive Entwicklung des Job-Images auswirkt. Vor Ort werden insbesondere die Aspekte registriert, die zur jahrelang gelernten Erkenntnis passen, dass ein Burgerbrater zum Beispiel in der Job-Hierarchie in puncto Karrierechancen ganz unten anzusiedeln sein müsse. Dass die Perspektiven eines Crewmitglieds bei McDonald's heute sehr gut sind, würde der Gast ohne Kommunikationsleistung allerdings nicht erfahren. Von großer Bedeutung für die Kommunikation ist dabei die Konsistenz zwischen Fremdwahrnehmung und Realität. Die Kommunikation muss die erreichten Vorteile ebenso aufgreifen wie die bestehenden Vor*ur*teile. Jeder Konsument weiß, dass Werbung allein die Arbeitsbedingungen vor Ort noch nicht besser macht. Deshalb sind Anstrengungen im Beschäftigungsbereich das eine, gezielte Förderungen des Images als Arbeitgeber etwas anderes.

4.3.2 Eine Arbeitgebermarke ist kommunizierte Realität

Voraussetzung für die Schaffung einer (positiv besetzten) Arbeitgebermarke sind gute Arbeitsbedingungen – nicht zuletzt deshalb, weil wachsame Stakeholder diese zunehmend schneller überprüfen können. Was nicht stimmt, kommt ans Licht. Es gilt deshalb, positiv zu denken und die zur Verfügung stehenden Potenziale zu nutzen: Knapp 62.000 Beschäftigte können auch 62.000 Botschafter für das Unternehmen sein – vorausgesetzt, die Grundlage dafür ist vorhanden.

Sich nur darauf zu konzentrieren, die Arbeitsbedingungen zu verbessern, und den Rest dem Zufall zu überlassen, reicht in der heutigen Zeit aber nicht, egal wie motiviert die Angestellten sind. Das eine ist die Investition, das andere ist, auch darüber zu reden. Die Mitarbeiterzufriedenheit bei McDonald's steigt seit Jahren. Der Personalvorstand setzt mit seinem Personalmanagement Maßstäbe in der Gastronomie. Dazu gehört die Zusammenarbeit mit den Gewerkschaften ebenso wie der Abschluss von Tarifverträgen oder die Gewährung flexibler Arbeitszeiten. Daneben wirkt sich auch die Verantwortung als Marktführer positiv auf die Beschäftigten aus. Eine langfristige und nachhaltige Personalplanung ist für McDonald's selbstverständlich, nicht zuletzt, um das geplante Wachstum zu realisieren. Für die Mitarbeiter bedeutet das eine große Arbeitsplatz- und damit Planungssicherheit. Nichtsdestotrotz sind sich die Verantwortlichen im Unternehmen bewusst, dass dies nicht ausreicht. Es wird deshalb versucht, die Rahmenbedingungen so gut wie möglich für die Angestellten zu gestalten. Diese Grundhaltung bestimmt die Prinzipien der Personalführung und ist Grundlage für eine ehrliche Kommunikation nach außen und innen.

Das Image von McDonald's als Arbeitgeber hat trotzdem nach wie vor einen Rückstand auf das Markenimage von McDonald's. Der schlechte Ruf als Arbeitgeber hielt sich hartnäckig und stellte zunehmend eine Hürde für die Deckung des wachsenden Bedarfs von Mitarbeitern dar. Aus diesem Grund wird auch in die Kommunikation investiert:

McDonald's sollte durch die transparente Darstellung des wirklichen Zustands im Unternehmen von einem (schlechten) Arbeitgeber-Image zu einer Arbeitgebermarke geführt werden. Inzwischen bereits etablierte Standards, für die Öffentlichkeit aber immer noch Überraschendes, wurden dabei aber nicht zum Hauptinhalt einer möglichen Kampagne definiert. Dass das Unternehmen stolz auf seine internationalen Teams ist, gehört ebenso zur Grundlage des täglichen Umgangs wie die individuelle Förderung der Teammitglieder, zum Beispiel im Bereich Sprache. Diese Faktoren sind heute für gute Arbeitgeber selbstverständlich, und damit auch für McDonald's. Im Mittelpunkt der Kommunikation standen deshalb vielmehr die über die Standards hinausgehenden Bemühungen des Unternehmens, eine Vorreiterrolle im Personalmanagement einzunehmen.

In der mehrstufigen Kampagne richtete McDonald's in einem ersten Schritt das Augenmerk auf die individuelle Situation der Mitarbeiter. Der zweite Schritt thematisierte auch die gesellschaftliche Komponente der Anstrengungen: Das Unternehmen leistet im Bereich Integration ebenso einen Beitrag wie bei der Ausbildung von Fachkräften in Deutschland. Die Messlatte der Botschaft ist auch hier stets die Realität: Nur wenn die Botschaft als Dokumentation der Wirklichkeit verstanden wird, kann sie Vorurteile abbauen. Es erfordert also erhebliche Vorarbeit und viel Feingefühl, die Kampagne auszurichten. Sie kann eine Botschaft nur transportieren, wenn sie konsequent durchdacht ist.

Das kommunikative Engagement eines Unternehmens kann noch so stark sein – erst die Verbesserungen der Arbeitsbedingungen, Investitionen in Talentmanagement und der Wille zur Transparenz schaffen die Voraussetzungen dafür, die Werte des Unternehmens und damit den Mehrwert für die Beschäftigten herauszustellen.

4.3.3 Glaubwürdigkeit als Kampagnengrundsatz

Um die Tätigkeitsfelder bei McDonald's darzustellen, wurden insbesondere die Perspektiven innerhalb des Unternehmens sowie die Chancengleichheit in den Mittelpunkt der Kommunikation gerückt. Die Aufstiegsmöglichkeiten der Mitarbeiter wurden dabei ebenso kommuniziert wie das Engagement und der Teamgedanke, der im Unternehmen gelebt wird. Ergänzend werden die positiven Auswirkungen der Maßnahmen auf gesellschaftliche Herausforderungen aufgezeigt.

Weder Gäste noch Angestellte sind frei von Vorurteilen. Um glaubwürdig zu bleiben, kommt es auch hier darauf an, die Vorstellungen nachzuvollziehen, die Außenstehende von dem Unternehmen haben. Durch verschiedene Kanäle und Maßnahmen stellte die Kampagne das Engagement von McDonald's genau so dar, wie die Mitarbeiter das Unternehmen sehen. Dazu gehörte auch der transparente Dialog mit Meinungsführern über die Vorhaben von McDonald's. Als großes Unternehmen in Deutschland wird McDonald's ebenso mit Fragen zur Lösung gesellschaftlicher

Herausforderungen konfrontiert wie mit speziellen Aspekten der Gastronomie.

Der Erfolg der Maßnahmen zeigte sich gleichermaßen in erhöhten Bewerbungszahlen und in einer verbesserten Wahrnehmung von McDonald's als verantwortungsvoller Arbeitgeber. Ersteres war vor allem ein Ergebnis der klassischen Werbekampagne. Die verbesserte Wahrnehmung als Arbeitgeber ist differenzierter zu betrachten, da unterschiedliche Zielgruppen von Bedeutung sind. In der breiten Öffentlichkeit konnten die Spots ebenfalls im Bereich Image wirken. Auf der Ebene von Personalfachleuten und Arbeitsmarkt-Entscheidern führte unter anderem der Einsatz von Dialogterminen zu einer Verbesserung der Wahrnehmung – eine Grundlage dafür, in einem weiteren Schritt auch mit den Akteuren ins Gespräch zu kommen, die für die Rahmenbedingungen auf dem Arbeitsmarkt verantwortlich sind.

Die Details der zwei Aspekte der Kommunikationsstrategie – klassische Kampagne und Stakeholder-Dialog aus dem Bereich Public Affairs – werden im Folgenden getrennt beleuchtet.

4.3.3.1 Employer Branding durch eine Werbekampagne

Um die Arbeit bei McDonald's realistisch vorzustellen, fiel die Entscheidung auf eine Testimonial-Kampagne. Authentisch berichteten die Mitarbeiter in einem ersten Schritt, „wie es bei McDonald's ist". Anschließend griff die Werbekampagne auch gesellschaftliche Aspekte von Ausbildung bin hin zur Integration auf – wiederum aus dem Blickwinkel der Betroffenen. So wurde ein Schritt weg von den Themen gemacht, die unmittelbar mit McDonald's in Verbindung gebracht wurden. Auch Entscheider und Multiplikatoren griffen die weiterführenden Aspekte positiv auf.

Insgesamt wurden Spots in drei Flights von 2010 bis Anfang 2011 im Fernsehen geschaltet und im Rahmen einer integrierten Kampagne ins Web auf verschiedene Kanäle verlängert. Auf der Website des Unternehmens wurden die Lebensläufe der Protagonisten und die jeweiligen Berufsperspektiven detailliert vorgestellt.

Der Schwerpunkt wurde deshalb auf die klassischen Kanäle gelegt, um alle Facetten der Beschäftigung bei McDonald's nacheinander mit der gleichen öffentlichen Beachtung abbilden zu können. Als Kernbotschaften definierte man die drei Aspekte „Perspektiven im Unternehmen", „Chancengleichheit" und „Integration", wenngleich der Entstehungsprozess der Kampagne sich schlussendlich immer an den Biografien der Protagonisten orientierte und nicht umgekehrt.

Abbildung 6: Motiv der Employer-Branding-Kampagne

Als kommunikative Klammer der Kampagne und zur gezielten Ansprache der Zielgruppe verdichtete McDonald's die vielen unterschiedlichen Eigenschaften der potenziellen Bewerber auf den Begriff „Talente". So sollten Absolventen aller drei Schularten auf eine Karriere neugierig gemacht und der Öffentlichkeit das breite Spektrum an Berufsmöglichkeiten bei McDonald's aufgezeigt werden.

Die Verankerung der Kampagne bei den Mitarbeitern ist elementar, um glaubwürdig zu bleiben und Rückhalt im gesamten Unternehmen zu finden. Eine Bewerbung mit anschließendem Casting ermöglichte die Teilhabe der Belegschaft an dem Auswahlprozess. Neben der Repräsentativität stand im Spot so vor allem die Authentizität der Mitarbeiter im Vordergrund. Durch die TV-Ausrichtung konnte eine breite Öffentlichkeit zielgruppengerecht erreicht werden.

Die Social-Media-Kanäle nutzt McDonald's auch, aber bisher nicht schwerpunktmäßig im Bereich Personal. Unter anderem ist McDonald's bei Facebook mit einem eigenen Profil vertreten. Ehemalige Mitarbeiter äußern sich dort auch über ihre Beschäftigung bei McDonald's und sind damit wertvolle Botschafter. Ein Beleg mehr dafür, dass Testimonial-Kampagnen sich immer mit der Realität messen lassen müssen und gerade deshalb gut geeignet waren, um die Arbeit bei McDonald's darzustellen. Unabhängig davon diskutiert der Personalvorstand von McDonald's Deutschland, Wolfgang Goebel, in einem eigenen Blog seine Sichtweisen von modernem Personalmanagement. Dies zahlt ebenso auf das Arbeitgeberimage des Unternehmens ein wie die Kampagne.

McDonald's kann eine Steigerung der Bewerbungsentwicklung in Qualität und Quantität seit 2010 feststellen. Erhebungen zeigen zudem eine Verbesserung der Wahrnehmung von McDonald's als guter Arbeitgeber.

4.3.3.2 Employer Branding durch Public-Affairs-Maßnahmen

Durch die glaubwürdige Mitarbeiterkampagne in TV und Internet konnten über repräsentative Testimonials die Arbeitsbedingungen bei McDonald's veranschaulicht werden. Der Grundsatz des Unternehmens, durch Leistungsgerechtigkeit und Schulungen allen Mitarbeiten eine Perspektive zu bieten, steht allerdings dann infrage, wenn das Unternehmen dennoch als Negativbeispiel herangezogen wird. Meinungsführer nutzen in öffentlichen Statements funktionierende Stereotypen weitaus länger, als es die Realität hergibt. Trotz hohen Mediadrucks können so divergierende

Beschreibungen über ein und dieselbe Situation entstehen, die nicht zur Glaubwürdigkeit eines Unternehmens beitragen. Um hier anzusetzen, wurden Entscheider aus der Politik angesprochen und detaillierte Einblicke in das Unternehmen gegeben. Durch Anschreiben und Anfragen für Zitate in Pressemitteilungen gelang es, das Engagement des Unternehmens darzustellen und Persönlichkeiten als Testimonials für McDonald's zu gewinnen.

Von der Durchlässigkeit innerhalb eines Systems bis zur Integration kann McDonald's inzwischen seine Vorbildrolle bewusst nach außen tragen – und tut es auch. Die Glaubwürdigkeit wird durch Fakten untermauert, die wiederum in Gesprächen kommuniziert werden. Die relevanten Ansprechpartner in den Bereichen Bildung und Integration erhalten Hinweise auf praktische Erfahrungen und können zugleich Kenntnis über Herausforderungen eines großen Unternehmens erhalten. Wolfgang Goebel nimmt als Personalvorstand eine dialogorientierte Position ein, um auch auf die Bedürfnisse des Unternehmens hinsichtlich guter struktureller Bedingungen hinzuweisen – zum Beispiel die Sicherung der Kinderbetreuung durch den Staat, um die Vereinbarkeit von Familie und Beruf als Unternehmen optimal unterstützen zu können.

Neben der Vernetzung mit der Politik setzte sich McDonald's auch für Initiativen mit anderen Unternehmen ein, die zum Beispiel im Bereich Diversity eine Vorreiterrolle einnehmen. Diversity steht für soziale Vielfalt, die bei McDonald's schon heute gelebte Realität ist. Im Zusammenschluss von Unternehmen in der „Charta der Vielfalt" können beispielsweise Informationen über Diversity ausgetauscht und Forderungen gemeinsam erarbeitet werden. Was als gemeinsame Willenserklärung begann, ist heute ein eingetragener Verein.

Die langfristige Positionierung als Ansprechpartner und der Imagegewinn zahlen ebenfalls auf die Arbeitgebermarke ein. Weil das Thema gesamtgesellschaftlich relevant ist, muss die Kommunikation in die meinungsbildenden Kreise hineinreichen. Die glaubhafte Vermittlung der Bemühungen von McDonald's, seiner Rolle als verantwortungsvoller Arbeitgeber gerecht zu werden, ermöglicht die Vernetzung mit relevanten Kreisen und stärkt das Vorhaben.

4.3.4 Fazit

Unternehmen werden transparenter – Offenheit ist das Gebot der Stunde. Das geht auch am Bereich Human Resources nicht vorüber. Wenn etwas gut läuft im Unternehmen, dann tragen die Mitarbeiter dies als Kommunikatoren nach außen. Läuft hingegen etwas nicht gut, dann ist es Aufgabe des Unternehmens, daran zu arbeiten. Denn früher oder später wird die Öffentlichkeit von Problemen erfahren, das ist den heutigen Kommunikationskanälen geschuldet. In einer der zentralen Säulen der Unternehmenssicherung die Imagebildung anderen zu überlassen, ist fahrlässig. Wo der „Kampf um die Köpfe" immer härter wird, ist auch mit härteren Bandagen zu rechnen. Wer im Employer Branding dann alles richtig gemacht hat, kann seinen Mitbewerbern den entscheidenden Schritt voraus sein.

4.4 Social Media – Wie der Campus of Excellence Netzwerke schafft

Dr. Heiko Reisch

Geschäftsführer, Campus of Excellence gGmbH

4.4.1 „War for Talent" im Netz

Das Internet hat vieles verändert: das Verhalten von Menschen, die nun online kommunizieren, aber auch das Verhalten von Unternehmen, die potenzielle Mitarbeiter über das Internet suchen und ansprechen. Unterschiedlichen Umfragen zufolge setzt etwa jeder dritte Arbeitgeber in Deutschland mittlerweile auf soziale Netzwerke zur Personalbeschaffung. Dabei gilt: Je größer das Unternehmen, desto stärker das Engagement in diesem Feld. Personalmarketing, Employer Branding, Recruiting – ohne Social Media scheint es nicht mehr zu gehen. Warum eigentlich?

„Social Media" ist ein Schlagwort. Es steht dafür, dass Personen selbst Botschaften senden, sich austauschen, zu Gruppen organisieren, Gleichgesinnte suchen. Millionen von Usern vernetzen sich in sogenannten Beziehungsportalen wie Facebook, XING oder StudiVZ. Unternehmen haben auf diese Online-Affinität vor allem junger Menschen reagiert. Sie haben ein Karriereportal auf ihrer Website, sie erhalten Online-Bewerbungen und sie nutzen Online-Stellenbörsen auf unterschiedlichen Plattformen. Das Internet ist mit Social Media zu einem Medium geworden, in dem man aktiv Stellen anbieten, nach Stellen suchen und sich bewerben kann. Der sich zunehmend verschärfende Fachkräftemangel beschleunigt diese Entwicklung zusätzlich. Der *War for Talent*, also der Kampf um die besten Mitarbeiter, findet auch im Internet statt.

4.4.2 Der Campus of Excellence

Der Campus of Excellence (COE) ist eine Bildungsinitiative, die junge Fachkräfte und insbesondere mittelständische Unternehmen frühzeitig zusammenbringt. Hierzu hat er verschiedene Instrumente entwickelt. In der sogenannten *Praxis Academy* lösen studentische Teams anspruchsvolle Aufgaben, die von den im Netzwerk beteiligten Unternehmen gestellt werden. Das hat für beide Seiten Vorteile: Talentierte Studierende können so die praktische Seite und Anwendungen dessen kennenlernen, was sie studieren, und Unternehmen kommen frühzeitig in Kontakt mit späteren potenziellen Bewerberinnen und Bewerbern. Sie können sich interessant machen und empfehlen. Auch nach Abschluss der Projekte trägt das Netzwerk und hält den Kontakt über einen Alumniverein aufrecht.

Ein zweites Instrument des Campus of Excellence setzt noch früher an. Es ist das Schülerprojekt *Zukunft MINT*. Dort werden über 5 Jahre hinweg Schülerinnen und Schüler, die eine besondere Begabung für Naturwissenschaften haben, bis in die ersten Semester des Studiums mit einem umfassenden Programm begleitet. Ziel ist es, der in Deutschland auch im Vergleich zum europäischen Ausland besonders hohen Abbrecherquote gerade in den naturwissenschaftlichen Studienfächern entgegenzuwirken.

Der Campus of Excellence wurde 2005 gegründet und setzte von Anfang an auf die Möglichkeiten des Internets. Je nach Zielgruppe setzt er dabei unterschiedliche Kanäle ein. Zielgruppen sind vor allem Öffentlichkeit und Presse, Studierende und Schüler.

4.4.3 Maßnahmen zur Steigerung der Bekanntheit

Im Bildungssektor gibt es bereits eine Vielzahl von Initiativen. Für den Campus of Excellence war es von wesentlicher Bedeutung, Bekanntheit zu erreichen und mit dem eigenen Profil durchzudringen. Neben den bisherigen klassischen Marketingmaßnahmen baute er im August 2009 deshalb zusätzlich ein Blog auf.

Ein Blog ist ein tagebuchähnliches Journal, das auf einer Website geführt wird. Verantwortlich für die Inhalte ist ein sogenannter Blogger, also eine Einzelperson, die Aufzeichnungen führt, Sachverhalte beschreibt und auf aktuelle Themen Bezug nimmt. Derzeit gibt es vor allem zwei Formen von Blogs, die von Unternehmen gesteuert werden: Corporate Blogs und Themenblogs.

Corporate Blogs verfolgen explizit Kommunikations- oder Marketingziele eines Unternehmens. Sie werden in der Regel von Mitarbeitern geführt. Um ein erfolgreiches Corporate Blog zu führen, müssen verschiedene Faktoren gegeben sein, die allerdings alle nicht auf den Campus of Excellence zutreffen. Denn dieser ist weder so bekannt, dass sich Außenstehende für die internen Abläufe interessieren, noch produziert er etwas, über das sich täglich zu berichten lohnt. Dazu kommt, dass durch die Konzentration auf bestimmte Projekte nicht kontinuierlich viele unterschiedliche Themen entstehen, wie es beispielsweise bei einem der bekanntesten Corporate Blogs, dem Daimler-Blog, der Fall ist.

Der Campus of Excellence initiierte sein Blog daher als Themenblog und gab ihm den neutralen Namen „Generation Bildung". Der Vorteil eines Themenblogs ist eine problemlose redaktionelle Betreuung, da das Thema breites Interesse generiert, und viel Material sowie Diskussionsstoff durch aktuelle Berichte in den Onlineausgaben von Tageszeitungen und Magazinen verfügbar ist und zudem jede Menge Expertenmeinungen im Netz kursieren. Das erleichtert die inhaltliche Fütterung und gibt gleichzeitig die Möglichkeit, Multiplikatoren wie Journalisten, Bildungsexperten, Hochschulen und Unternehmen auf die Initiative aufmerksam zu machen. Eine wesentliche Voraussetzung für den Erfolg von Generation Bildung ist, dass das Blog über die Themen generisch berichtet, also auch andere Initiativen vorstellt und nur punktuell die eigenen Projekte aufgreift.

So war es möglich, rasch relevante Seitenaufrufe zu generieren: Von August bis Dezember 2009 waren es 12.000, im Jahr 2010 rund 49.000, und für das Gesamtjahr 2011 rechnet der Campus of Excellence mit einer Verdopplung dieser Zahl. Wesentlich ist, dass die Seitenaufrufe über das ganze Jahr hinweg kontinuierlich erfolgen, wie die folgende Grafik zeigt:

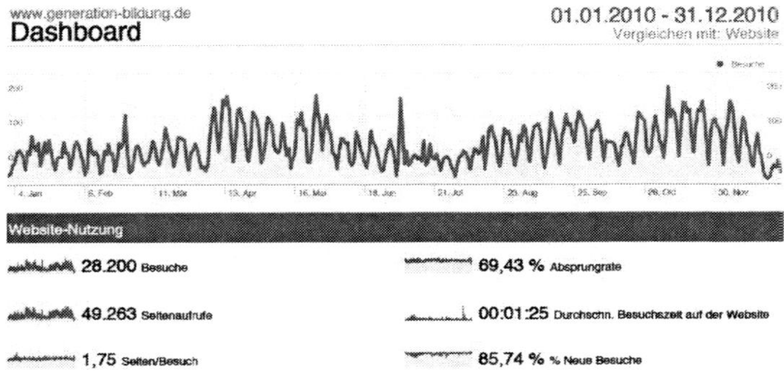

Abbildung 7: Nutzungsdaten von www.generation-bildung.de[50]

Dass es möglich ist, sich mit einem Blog thematisch zu behaupten, zeigt ein einfaches Beispiel. Bei Eingabe des Suchbegriffs „Bundesminister 2010" erscheint Generation Bildung auf Platz 1 des Google-Rankings (Abbildung 8) allein dadurch, dass das Blog eine Übersicht online gestellt hat, die alle Minister mit Parteizugehörigkeit zeigt.

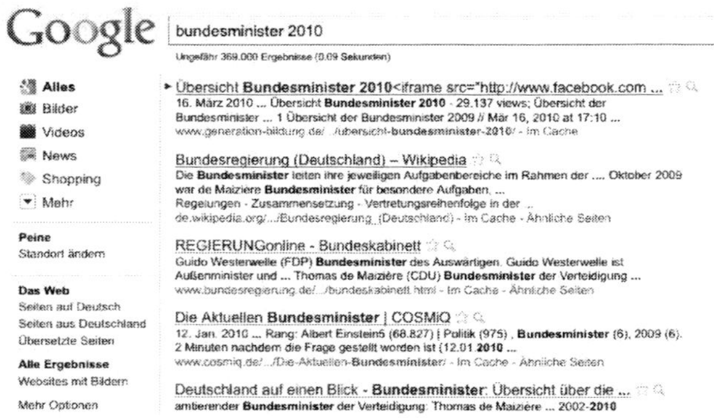

Abbildung 8: Screenshot Google-Ranking nach Begriffssuche

[50] Quelle: Auswertung der Seitenaufrufe und Besuche mit Google Analytics für das Jahr 2010.

Unterstützt wird das Blog durch den Twitter-Account „@Gen_bildung". Twittern ist das Publizieren von Kurznachrichten (Tweets) mit maximal 140 Zeichen. Der Twitter-Account des Campus of Excellence ist eine Ergänzung des Blogs ohne eigene redaktionelle Inhalte. Tweets bestehen vor allem aus Hinweisen zu neuen Blog-Artikeln oder Informationen rund um Veranstaltungen und Projekte des Campus of Excellence. Zusätzlich folgt der Campus of Excellence regelmäßig anderen relevanten Twitter-Accounts. Durch Retweeting, also die Weiterleitung interessanter externer Tweets, macht man nicht nur auf sich aufmerksam, sondern vergrößert auch die Bandbreite des eigenen Angebots. Derzeit hat der Account „@Gen_bildung" rund 230 Follower.

Die Aktivitäten des Blogs unterstützen die COE-Internetseite neben anderen Maßnahmen im Web, beispielsweise auf Facebook, und andere klassische Maßnahmen wie Pressearbeit, Hochschulkooperationen und E-Mail-Marketing. Im Jahr 2009 gab es auf der Website etwa 48.000 direkte Besuche, 2010 waren es rund 57.000, und für das Gesamtjahr 2011 wird wiederum mit einer Steigerung um etwa 15 Prozent gerechnet.

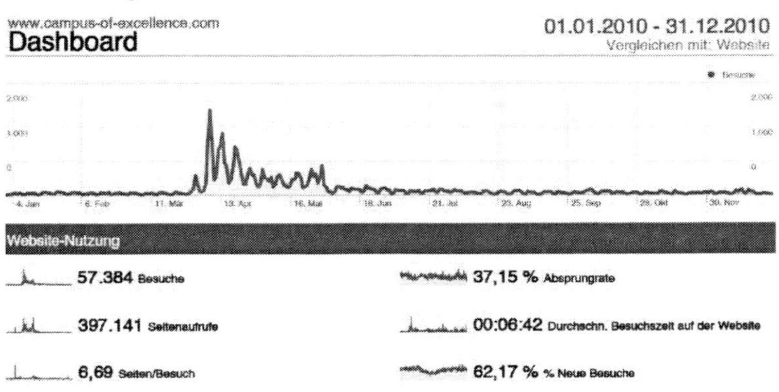

Abbildung 9: Seitenaufrufe und Besuche der COE-Website[51]

[51] Quelle: Auswertung der Seitenaufrufe und Besuche mit Google Analytics für das Jahr 2010.

Auffällig gegenüber dem Besucheraufkommen (*Traffic*) auf dem Blog ist, dass es hier neben dem „Grundrauschen“ einen deutlichen *Peak*, also besonders viele Besucher, im Frühjahr gibt. Dies liegt daran, dass der Campus of Excellence für sein Projekt *Praxis Academy* auf seiner Website www.campus-of-excellence.com eine Online-Plattform eingerichtet hat, über die sich Interessenten bewerben können.

4.4.4 Maßnahmen zur Gewinnung von Nachwuchskräften

Der Campus of Excellence vergibt jedes Jahr Unternehmensstipendien an talentierte Schüler und Studierende. Bis zum Jahr 2010 haben mehr als 560 Nachwuchskräfte teilgenommen. Im Rahmen der *Praxis Academy* bearbeiten Studierende bei Partner-Unternehmen des Campus of Excellence mehrwöchige Projekte, die direkt aus der betrieblichen Praxis stammen. Bei den Marketingmaßnahmen zur Rekrutierung geeigneter Teilnehmer verfolgt der Campus of Excellence eine breit gefächerte Social-Media-Strategie, um Interessenten auf das Online-Bewerberportal zu lotsen. Umfragen zeigen, dass nahezu 100 Prozent dieser Zielgruppe auf die eine oder andere Weise Social Media nutzen. Insofern liegt es nahe, sich auf spezifische Social-Media-Maßnahmen zu konzentrieren. Der Campus of Excellence nutzt hierbei das bereits beschriebene Blog und Twitter sowie Facebook, Flickr und YouTube. Die letztgenannten drei Kanäle werden im Folgenden beschrieben.

(1) **Facebook** hat gegenüber allen anderen Medien einen Vorteil: Es ist ein enorm schneller und starker Multiplikator, weil sich online Interessengruppen bilden, wobei jeder Einzelne wiederum viele weitere Freunde mitbringt. So nutzt der Campus of Excellence den viralen Effekt des weltweit größten sozialen Netzwerks. Derzeit gibt es auf der Facebook-Seite des Campus of Excellence rund 440 Fans, die – und das ist die interessantere Zahl – über 100.000 Beitragsaufrufe generiert haben. Die Beiträge selbst umfassen Informationen rund um die COE-Projekte, Videos

und Bilder von Veranstaltungen, Interviews mit Teilnehmern und Experten, Termine, Umfragen usw. Über Facebook erreicht der Campus of Excellence Studierende, Schüler und Alumni, also die ehemaligen Teilnehmer, von denen sich etwa 50 Prozent im Alumniverein organisiert haben. Facebook liefert lebendige Eindrücke, Authentizität, gibt dem Campus of Excellence ein Gesicht, erzeugt unmittelbares Feedback und generiert so Interesse bei potenziellen Bewerbern.

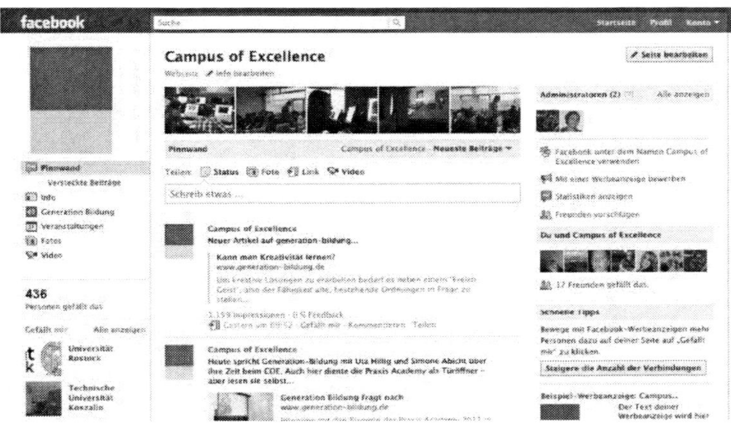

Abbildung 10: Facebook-Fanseite des Campus of Excellence

(2) **flickr** dient dem Campus of Excellence seit 2009 als eine eigene Fotoplattform. Die Anordnung in Sammlungen und Alben liefert eine übersichtliche Darstellung der Campus-Jahre 2007 bis 2011. Eine lückenlose Beschreibung und Vertaggung[52] der Bilder sorgt nicht nur dafür, dass sie von Suchmaschinen besser gefunden werden, sondern erfüllt

[52] *Tags* sind Schlagwörter, die Bildern oder Artikeln im Netz zugeordnet werden. *Vertaggung* ist also die Verschlagwortung dieser Bilder und Artikel.

auch interne und externe Dokumentationszwecke. Die Fotos können in Webqualität angeschaut, aber bei Bedarf auch in druckbarer Qualität heruntergeladen werden. Redaktionen und Journalisten können so leicht auf hochauflösende Fotos zugreifen. Die knapp 700 online gestellten Fotos wurden etwa 55.000-mal angeschaut.

(3) **YouTube** wurde parallel zu flickr ebenfalls im Jahr 2009 eingerichtet. Der Campus of Excellence nutzt YouTube nicht aktiv als eigenen Kanal, sondern als Möglichkeit, Videos kostenlos bereitzustellen und über die „Embed-Funktion" auf Website und Blog einzubinden. Die knapp 30 Videos des Campus of Excellence wurden mehr als 15.000-mal angeschaut.

Die Erfahrung zeigt, dass die Kanäle Facebook, flickr und YouTube den Austausch der Teilnehmenden untereinander unterstützen. Damit stärkt der Campus of Excellence einerseits die Bindung der Alumni und andererseits die Bindung der Schüler, die in das auf fünf Jahre angelegte Projekt „Zukunft MINT" aufgenommen wurden.

4.4.5 Fazit

Es gibt viele Möglichkeiten, Social Media zu nutzen, aber nicht alle sind sinnvoll oder unter Aufwandsgesichtspunkten effizient. So fallen beispielsweise StudiVZ und SchülerVZ unter anderem für den Campus of Excellence aus dem Anwendungsraster, weil diese Plattformen sich im Vergleich kaum weiterentwickeln. Facebook verändert sich dagegen ständig, passt sich dem Verhalten des Nutzers an und ist – zumindest heute – State of the Art, um katalysatorische Effekte zu erzeugen.

Entscheidend für den Erfolg der Maßnahmen im Netz ist es, die einzelnen Kanäle gut miteinander zu verknüpfen, sodass im Zusammenspiel möglichst große Effekte erzielt werden. Zielplattform des Campus of Excellence ist die eigene Website. Alle anderen Kanäle werden als Zuführungsmittel genutzt. Gleichzeitig sorgt die gegenseitige Vernetzung mit Blog, Twitter, Facebook, flickr und YouTube für ein sich ständig verbesserndes Suchmaschinenranking. Alles zusammen hat dazu geführt, dass die Bewerberzahlen von Projekten des Campus of Excellence jährlich steigen – und das in einem Angebotsumfeld, das sich durch Konkurrenzangebote verschärft. Allerdings ist auch dies nur eine Momentaufnahme, weil sich der Bereich Social Media schnell weiterentwickelt und verlangt, auf aktuelle Entwicklungen und Trends angemessen zu reagieren.

4.3 Lessons Learned – Erfolgsfaktoren von Kommunikationskonzepten

Wie anhand der vorangegangenen Fallbeispiele deutlich wurde, gehört es zu den Kernaufgaben der Unternehmenskommunikation, situationsspezifische Strategien zu entwickeln. Dabei ist eine sinnvolle Auswahl der zur Verfügung stehenden Kommunikationsinstrumente ebenso wichtig wie ein integriertes Vorgehen. Neben Erfahrungswerten und Kreativität wäre aber auch das Wissen um Erfolgsfaktoren bei der Gestaltung der Unternehmenskommunikation hilfreich.

Das Konzept der kritischen Erfolgsfaktoren aus der Managementwissenschaft hat in der Literatur zur Unternehmenskommunikation bislang keinen nachhaltigen Eingang gefunden. Daher beruht die Identifikation und Analyse von Faktoren, die den Kommunikationserfolg beeinflussen, vorwiegend auf Beobachtungen und subjektiven Einschätzungen. Für das Wissen um die Wirkung solcher Faktoren und die Möglichkeit des Managements, sie zu steuern, gilt das Gleiche: Eine breit angelegte empirische Validierung steht noch aus. Hier wäre es sinnvoll, die aus den einzelnen Teildisziplinen bereits gewonnenen Erkenntnisse zusammenzuführen und im Rahmen einer integrierten Studie zu untersuchen.

Greifen wir vor diesem Hintergrund auf den Ansatz der US-amerikanischen PR-Wissenschaftler Cutlip, Center und Broom zurück, die mit ihrem „7C-Modell" solche Faktoren benennen. Wirkungsvolle Unternehmenskommunikation lässt sich demnach dann erreichen, wenn die folgenden sieben Kriterien erfüllt werden:[53]

(1) **Credibility:** Glaubwürdigkeit kann ein Unternehmen nur dann herstellen, wenn Worte und Taten übereinstimmen. Propagiert ein Unternehmen beispielsweise Kundenorientierung, behandelt Käufer aber unfreundlich, dann gefährdet es seine Glaubwürdigkeit.

---

[53] Vgl. im Folgenden Cutlip/Center/Broom (2006), S. 424 f.

(2) **Context:** Einzelne Kommunikationsmaßnahmen sollten immer auch in einem übergeordneten Kontext betrachtet werden, der die Botschaften positiv verstärken kann.

(3) **Content:** Die Botschaften müssen zu den Stakeholdern und ihren Wertvorstellungen passen. In Anlehnung an ein von Helmut Thoma genutztes Bonmot sollte der Wurm dem Fisch und nicht dem Angler schmecken.

(4) **Clarity:** Die Botschaften müssen klar und präzise sein. Komplexe Sachverhalte sollten auf ein Motto oder einen Slogan heruntergebrochen werden. Die einfachen Botschaften sind am erfolgreichsten. Zudem müssen die Unternehmen darauf achten, dass sich ihre Botschaften nicht widersprechen. Dies gelingt mit einer *One-Voice Policy*[54].

(5) **Continuity & Consistency:** Kontinuität und Übereinstimmung sind notwendig, damit sich Botschaften nicht „versenden", sondern durch ihre dauerhafte Wiederholung in unterschiedlichen Varianten zum Lernen und schlussendlich auch zur Überzeugung der Stakeholder beitragen.

(6) **Channels:** Die Auswahl der richtigen Kommunikationskanäle ist von hoher Bedeutung. Etablierte und von den Stakeholdern akzeptierte Kanäle sind vorteilhafter als neue Kanäle, deren Einrichtung Zeit und Geld kostet und deren Erfolg zunächst noch ungewiss ist.

(7) **Capability:** Die Aufnahmefähigkeit der Stakeholder ist bei der Gestaltung der Unternehmenskommunikation unbedingt zu berücksichtigen: Welches Wissen kann bereits vorausgesetzt werden? Wann und wie lassen sich die Stakeholder am besten erreichen? Wie kann man ihnen die Aufnahme der Botschaften so leicht wie möglich machen?

---

[54] Eine „One-Voice Policy" soll gewährleisten, dass ein Unternehmen in seiner gesamten Kommunikation einheitliche und widerspruchsfreie Botschaften vermittelt.

Zusammenfassend können wir festhalten, dass sich die hier genannten Faktoren positiv auf den Kommunikationserfolg auswirken. Auch die vorangegangenen Fallbeispiele haben gezeigt, dass diese Faktoren bei der Konzeption von Kommunikationsprogrammen wichtig sind und daher unbedingt bei der Gestaltung der Unternehmenskommunikation berücksichtigt werden sollten.

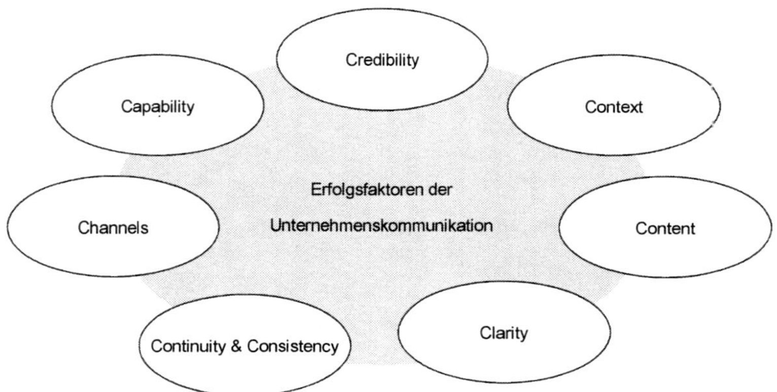

Abbildung 11: Erfolgsfaktoren der Unternehmenskommunikation

5 Mit 8 Fragen zum Kommunikationserfolg

Wie Sie die Kommunikation in Ihrem Unternehmen effektiv und effizient gestalten können

Zu guter Letzt stellt sich nun die Frage, wie die Kommunikation im Unternehmen idealerweise gestaltet sein sollte. Es zeigt sich nämlich immer wieder, dass sich trotz vereinzelter Bemühungen kein einheitlicher Standard für Kommunikationskonzepte durchgesetzt hat.[55] Wie lässt sich nun also überprüfen, ob die eigene Konzeption alle wichtigen Punkte berücksichtigt bzw. ob die Kommunikationsarbeit im Unternehmen etwas taugt?

Dazu stellt dieses Kapitel die wichtigsten Eckpunkte eines Kommunikationskonzepts anhand von acht Leitfragen dar. Ziel ist ein praxistauglicher Leitfaden für die eigene Konzeptionsarbeit oder eine Checkliste zur Überprüfung bestehender Kommunikationskonzepte.

Fairerweise muss darauf hingewiesen werden, dass das Tagesgeschäft einer Kommunikationsabteilung so turbulent ist, dass oft keine Zeit für umfangreiche Analysen und Konzepte bleibt. Dann werden Maßnahmen umgesetzt, ohne die wichtigsten Eckpunkte analysiert und ohne geeignete Botschaften und Instrumente getestet zu haben. Das kann zwar auch funktionieren, wenn alle Beteiligten über ein ähnliches Grundverständnis und über Erfahrungen in Bezug auf das verfügen, was funktioniert – und was nicht. Für weitreichende oder kritische Themen wie eine anstehende Fusion oder eine feindliche Übernahme ist dieses Vorgehen aber nicht nur ungeeignet, sondern sogar fahrlässig! Zu groß ist die Gefahr, dass Sie wichtige Hürden und Stolpersteine im Vorfeld nicht identifizieren können und die eingeschlagene Strategie bei der Umsetzung zum Bumerang wird. Mit einem solchen Bumerang erreichen Sie genau das Gegenteil von

---

[55] Vgl. für weiterführende Literatur zum Thema Konzeption etwa Bentele/Nothaft (2007) und Dörrbecker/Fissenewert (1995) bzw. die weitergeführte Neuauflage von Hansen/Schmidt (2009).

dem, was beabsichtigt war, nämlich die Akzeptanz und die Unterstützung der Stakeholder für die Unternehmensziele zu gewinnen.

Daher braucht man für die Kommunikationsaufgabe im Unternehmen ausreichend Zeit und Kapazitäten. Wichtige Kommunikationsstrategien sollten Sie nie unter einem hohen Zeitdruck entwickeln! Neben ausreichenden internen Kapazitäten können auch externe Partner hilfreich sein – nicht nur aufgrund ihrer Erfahrung und innovativer Ansätze, die sie beisteuern können, sondern weil sie zeitliche Engpässe der Kommunikationsabteilung abfedern können.

5.1 Was sind Ihre Ziele und welche Priorität haben sie?

Der wichtigste Grundsatz bei der Entwicklung von Kommunikationszielen ist, dass Sie diese aus den Unternehmenszielen ableiten. Denn nur diese Verknüpfung erlaubt es der Unternehmenskommunikation, den Anspruch, ein Instrument der Unternehmensführung zu sein, nicht nur zu formulieren, sondern auch tatsächlich einzulösen.

Zunächst gilt es also, Vorgaben für die Unternehmenskommunikation aus der Unternehmensstrategie abzuleiten. Daneben spielen die Unternehmenswerte als Fundament und das Unternehmensleitbild als visionärer Zielentwurf eine wichtige Rolle, denn diese setzen einen verbindlichen Handlungsrahmen für die zu gestaltende Unternehmenskommunikation.

Die folgende Pyramide zeigt, wie die hier genannten Elemente zusammenhängen:

Abbildung 12: Zielpyramide

Zudem sollten Sie den Blick nicht nur auf das eigene Unternehmen richten, sondern auch den Markt und die Wettbewerber im Rahmen der Analyse berücksichtigen.

In der Praxis gibt es eine Reihe von Analyse-Instrumenten, mit denen Sie die aktuelle Position des eigenen Unternehmens im Vergleich zu Wettbewerbern erfassen können. Je nach Umfang des Kommunikationsvorhabens sind mehr oder weniger ausführliche Analysen zu empfehlen. Stellvertretend für viele gehen wir im Folgenden auf das Kommunikationsaudit und das Benchmarking ein, weil sich diese in der Unternehmenspraxis etabliert haben.

(1) Kommunikationsaudit

Im Rahmen eines Kommunikationsaudits identifiziert man durch eine Bestandsaufnahme der Unternehmenskommunikation aus externer Sicht Ansatzpunkte zur Optimierung. Diese Aufgabe übernehmen oft externe Berater. Sie führen Gespräche mit der

Geschäftsleitung und den Kommunikationsverantwortlichen, analysieren umfassend die bestehenden Kommunikationskonzepte (inklusive der Stakeholder des Unternehmens, der zentralen Inhalte und der eingesetzten Kommunikationsinstrumente) und nehmen Prozesse auf, die in der Kommunikationsabteilung zur Erstellung der zentralen Kommunikationsmaßnahmen durchgeführt werden. Ein solches Audit kann sinnvoll für ein Unternehmen sein, dessen Kommunikationsaktivitäten schon länger nicht mehr auf den Prüfstand gestellt wurden, und Hinweise auf Ansatzpunkte geben, wie die Effektivität und die Effizienz der Unternehmenskommunikation gesteigert werden kann.

(2) Benchmarking

Im Rahmen einer Benchmarking-Analyse werden Kennziffern der Unternehmenskommunikation von mehreren Unternehmen erhoben. Den jeweils besten Wert zieht man als Referenz heran, um die eigene Unternehmenskommunikation zu optimieren. Durch diesen Vergleich lassen sich nicht nur einzelne Werte, sondern auch überlegene Methoden und Prozesse (*Best Practices*) identifizieren, die auf die Kommunikation des eigenen Unternehmens übertragen und implementiert werden können. Als Benchmarking-Partner kommen beispielsweise Unternehmen aus derselben Branche infrage oder Firmen aus anderen Märkten, die besonders innovative Instrumente einsetzen. Mit dem Benchmarking werden in der Regel auch externe Berater beauftragt, die den Zugang zu den relevanten Daten leichter bekommen können als die betroffenen Unternehmen selbst. Es zeichnen sich jedoch Tendenzen ab, in denen sich Kommunikationsexperten der Unternehmen beispielsweise im Rahmen der Verbandsarbeit über ihre Arbeit austauschen und selbstständig Benchmarking betreiben.

Diese Analysen liefern Informationen, die Ihnen helfen zu bestimmen, wo Ihr Unternehmen heute steht. Der Abgleich zwischen dem Anforderungsprofil an die Unternehmenskommunikation und dem aktuellen Profil zeigt, wie gut Ihr Unternehmen mit seinen Kommunikationsaktivitäten aufgestellt ist, und liefert zudem Hinweise, ob bzw. in welchem Umfang Veränderungen notwendig sind.

Aus den vorangegangenen Analysen lassen sich also aus heutiger Sicht erkennbare Stärken und Schwächen der Kommunikation eines Unternehmens sowie Chancen und Risiken ableiten, die sich aus dem externen Umfeld des Unternehmens ergeben. Diese können mithilfe einer SWOT-Analyse[56] komprimiert zusammengefasst werden. Die SWOT-Analyse bietet demnach erste Ansätze für die Strategieentwicklung. Auch wenn sie sich auf einer rein deskriptiven Ebene bewegt, hilft sie, die Entscheidungssituation zu strukturieren und weiterverwendbar abzubilden.[57]

---

[56] SWOT ist ein Akronym für **S**trengths (Stärken), **W**eaknesses (Schwächen), **O**pportunities (Chancen) und **T**hreats (Risiken). Die in den 1960er-Jahren im Rahmen der Strategieforschung an der Harvard Business School unter Henry Mintzberg entwickelte SWOT-Analyse hat sich als ein Standard-Analysetool in der Unternehmenspraxis etabliert und wird u. a. auch im Rahmen der Entwicklung von Kommunikationsstrategien angewandt.

[57] Vgl. Bickhoff (2008), S. 31.

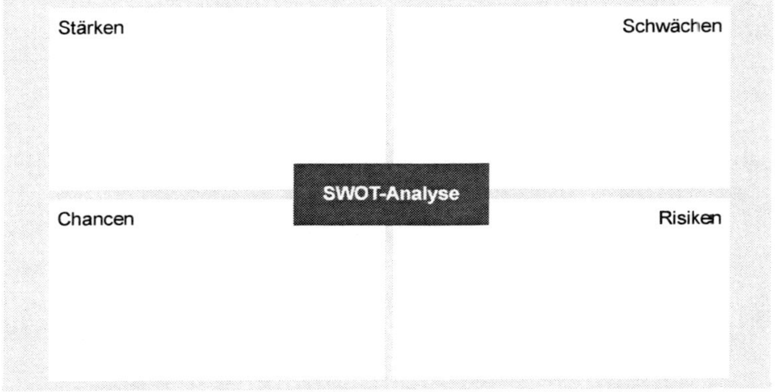

Abbildung 13: SWOT-Analyse

Auf Basis der vorangegangenen Analysearbeit können Sie nun die strategische Stoßrichtung der Kommunikation bzw. die Ziele definieren. Bei Kommunikationszielen handelt es sich zunächst um außerökonomische Ziele, die sich entsprechend ihrer Wirkung auf die betreffenden Stakeholder in drei Kategorien einteilen lassen[58]:

(1) **Kognitiv orientierte Kommunikationsziele**, etwa die Verbesserung des Informationsstandes in Bezug auf ein bestimmtes Thema (Ebene der Wahrnehmung bzw. des Wissens)

(2) **Affektiv orientierte Kommunikationsziele** wie eine Veränderung der Einstellung hinsichtlich eines bestimmten Themas (Ebene des Fühlens bzw. der Verarbeitung des Wissens)

[58] Vgl. etwa Kroeber-Riel/Weinberg (2003), S. 49 ff. Kotler merkt an, dass diese drei Stufen die Basis aller bekannten Hierarchie-Modelle der Kommunikationswirkungen sind. Zwar weichen die einzelnen Modelle hinsichtlich Anzahl und Inhalt der Wirkungsstufen voneinander ab, sie folgen jedoch in ihren Grundzügen dem hier dargestellten Schema. Vgl. Kotler (1995), S. 917.

(3) **Konativ orientierte Kommunikationsziele**, etwa neue Verhaltensmuster, die die Stakeholder annehmen sollen (Ebene des Verhaltens)

Auch wenn diese Einteilung auf den ersten Blick theoretisch anmutet, so ist es in der Praxis doch sehr wichtig, die einzelnen Wirkungsebenen (Wissen – Fühlen – Handeln) bei der Konzeption zu berücksichtigen, da diese aufeinander aufbauen und veränderte Handlungsweisen demzufolge nur dann erreicht werden können, wenn das dafür notwendige Wissen und die richtige Einstellung vorhanden sind. Grunig und Hunt bezeichnen dies als *Message Domino*[59].

Auch für Kommunikationsziele gilt, dass sie „SMART" sein sollten, also fünf Bedingungen erfüllen müssen[60]:

Spezifisch:	Ziele müssen eindeutig definiert und so präzise wie möglich sein.
Messbar:	Ziele müssen Messbarkeitskriterien erfüllen, also möglichst quantifizierbar sein.
Akzeptiert:	Ziele müssen von den Empfängern akzeptiert werden.
Realisierbar:	Ziele müssen erreichbar sein.
Terminierbar:	Ziele müssen mit einer klaren Vorgabe versehen werden, bis wann das Ziel erreicht sein muss.

Abbildung 14: Anforderungen an Ziele

[59] Vgl. Grunig/Hunt (1992), S. 189.

[60] SMART ist ein Akronym für „**S**pecific – **M**easurable – **A**ccepted – **R**ealistic – **T**imely" und kann auf den 1981 publizierten Aufsatz von Doran im „Management Review" zurückgeführt werden.

5.2 Wer ist betroffen?

Der Stakeholder-Ansatz von Freeman hat mittlerweile breiten Niederschlag in der Managementliteratur gefunden. Im Wesentlichen geht es dabei um die Aufgabe und Verantwortung des Unternehmens in der Gesellschaft und gegenüber sogenannten Stakeholdern („Anspruchsgruppen“), die mit mehr oder weniger konkreten Anliegen an das Unternehmen herantreten.[61] Primäre Stakeholder sind dabei für den Fortbestand des Unternehmens wichtig, während sekundäre Stakeholder über keinen legitimen Anspruch verfügen, sowohl das Unternehmen als auch die primären Stakeholder aber beeinflussen können.

Mittlerweile setzt sich dieses Denken auch in der Unternehmenskommunikation durch, und man geht dazu über, nicht mehr von Zielgruppen, sondern von Stakeholdergruppen zu sprechen. Damit einher geht ein neues Verständnis, das sich weg von der reinen Informationsversorgung ausgewählter Zielgruppen hin zu einer dialogorientierten Kommunikation mit den einzelnen Stakeholdergruppen entwickelt.[62]

---

[61] Freeman (1984), S. 46. Stakeholder sind Gruppierungen, die von Entscheidungen des Unternehmens betroffen sind oder durch eigenes Handeln die Zielerreichung des Unternehmens beeinflussen können.

[62] Vgl. dazu ausführlicher Karmasin (2007), S. 71 ff.

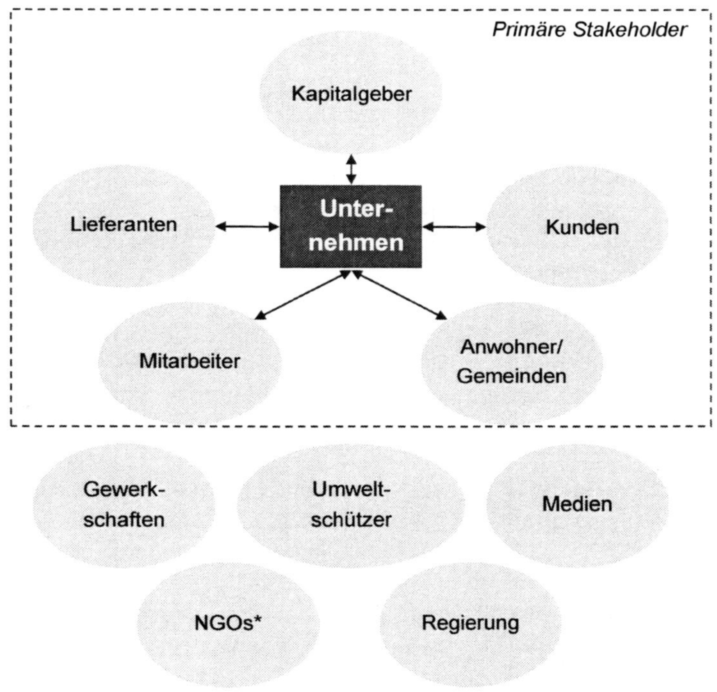

Abbildung 15: Stakeholder eines Unternehmens[63]
(*NGOs = Nichtregierungsorganisationen)

Die einzelnen Stakeholdergruppen können eine unterschiedliche Bedeutung für das Unternehmen haben. Einen Ansatz zur Identifikation der wichtigsten Stakeholdergruppen für ein Unternehmen legen Mitchell, Agle und Wood in ihrem 1997 publizierten Beitrag im „Academy of Management Journal“ vor. Sie erweitern die beiden in

[63] In Anlehnung an Freeman (1984).

der Literatur häufig genannten Kriterien für den Einfluss von Stakeholdern – Macht und Legitimität – um einen dritten Faktor, die Dringlichkeit:

(1) **Macht** haben Stakeholder immer dann, wenn sie ihre Interessen gegen andere Stakeholder durchsetzen können. Um herauszubekommen, wie mächtig einzelne Stakeholdergruppen sind, sollten die ihnen zur Verfügung stehenden Machtbasen analysiert werden.[64] So liegt etwa die Machtbasis von Aktionären in ihrem Kapital, und Führungskräfte verdanken ihre Macht häufig ihrem Informationsvorsprung. Zudem sollten die Wahrscheinlichkeit, mit der eine Stakeholdergruppe ihre Macht tatsächlich ausüben würde, sowie das Ausmaß ihres Einflussbereichs berücksichtigt werden.

(2) **Legitimität** kann auf der Einhaltung von gesetzlichen Bestimmungen, auf vorhandenen Werten und Normen oder auf der Ausübung zugewiesener Rollen beruhen. Die Legitimität einer einzelnen Stakeholdergruppe ist dann besonders hoch, wenn sie sich auf mehrere Legitimitätsbasen stützen kann und wenn diese unstrittig sind. So ist es etwa unstrittig, dass der Betriebsrat die Interessen der Arbeitnehmer vertritt oder dass Umweltschützer sich gegen Umweltverschmutzung einsetzen.

(3) **Dringlichkeit** beschreibt, wie unmittelbar sich das Unternehmen mit den Ansprüchen der einzelnen Stakeholdergruppen auseinandersetzen sollte. Wichtige und zeitkritische Angelegenheiten, beispielsweise die Gefahr eines Streiks der Belegschaft oder der Blockade von geplanten Bauvorhaben wie beim Großprojekt „Stuttgart 21“, haben eine hohe Dringlichkeit.

---

[64] Als Machtbasen werden Ressourcen bezeichnet, die zum Aufbau von Machtpotenzialen eingesetzt werden, etwa finanzielle Mittel, Informationen, Know-how, Rechte oder Persönlichkeitsmerkmale.

Aus der Kombination dieser drei Kriterien ergeben sich insgesamt sieben verschiedene Typen von Stakeholdern, deren Bedeutung Sie im Rahmen des Kommunikationskonzepts individuell berücksichtigen sollten.

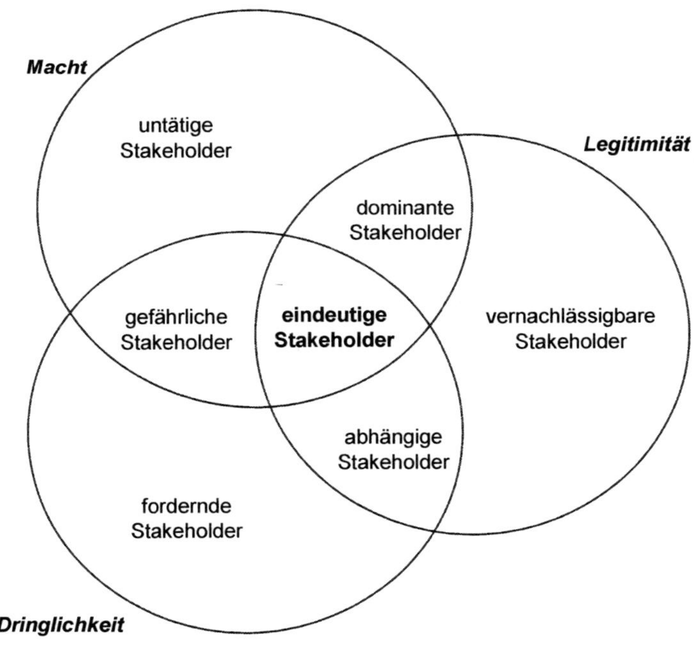

Abbildung 16: Stakeholder-Typologie[65]

Wie aus Abbildung 16 hervorgeht, verfügen die „eindeutigen Stakeholder" gleichermaßen über Macht, Legitimität und Dringlichkeit. Daher ist ihre Bedeutung für das Unternehmen unstrittig.

---

65 In Anlehnung an Mitchell, Agle und Wood (1997), S. 874.

Die „gefährlichen Stakeholder“ verfügen zwar über Macht und richten dringliche Forderungen an das Unternehmen, ihnen fehlt jedoch Legitimität. Analog dazu fehlt den „abhängigen Stakeholdern“ Macht und den „dominanten Stakeholdern“ die Dringlichkeit, um ihre Ansprüche durchzusetzen.

Den außen stehenden Stakeholdertypen fehlen jeweils zwei Faktoren, um ihre Interessen nachhaltig durchsetzen zu können: Den „untätigen Stakeholdern“ fehlen die Legitimität und die Dringlichkeit, die „vernachlässigbaren Stakeholder“ sind aufgrund fehlender Macht und Dringlichkeit nicht von großer Bedeutung für das Unternehmen, und die „fordernden Stakeholder“ haben zwar dringliche Ansprüche, ihnen fehlen jedoch die Macht und die Legitimität, um diese durchzusetzen.

5.3 Welche Einstellungen wollen Sie bei den betroffenen Stakeholdergruppen erreichen?

Die grundlegende strategische Stoßrichtung und die Kommunikationsziele sind nun definiert, die relevanten Stakeholder identifiziert und entsprechend ihrer Bedeutung für das Unternehmen kategorisiert. Im nächsten Schritt geht es darum, die Interessen, Einstellungen und Meinungen der Stakeholder gründlicher zu analysieren, um festzustellen, welche Einstellungen heute vorhanden sind und wie sich diese in Zukunft verändern sollen.

	Heute	Zukünftig
Was wissen die Stakeholder?		
Was denken und fühlen sie?		
Wie handeln die Stakeholder?		

Abbildung 17: Einstellungen von Stakeholdern

Die hier abgebildete Tabelle kann dabei als Strukturierungshilfe dienen. Sie sollte für jede Stakeholdergruppe angefertigt werden. So können Sie daraus Informationsbedarf, gegebenenfalls notwendige Einstellungsveränderungen und Verhaltensweisen erkennen.

Grundsätzlich bewegen sich Kommunikationsbotschaften in einem Spannungsfeld zwischen den Informationen, die aus interner Sicht kommuniziert werden sollen, und den Einstellungen der Zielgruppe, an die diese Botschaften gerichtet werden. Nicht selten wird dieses Spannungsfeld zu wenig berücksichtigt, und Botschaften, die aus Unternehmenssicht glasklar sind, werden von den Zielgruppen nicht verstanden oder intern unangreifbare Standpunkte werden von externen Zielgruppen als Provokation aufgefasst. Zudem gilt es zu berücksichtigen, wie die Zielgruppen durch eine Neuerung betroffen sind und was sich für sie verändern wird. Auf diese Weise können Sie offene Fragen vermeiden und gleich umfassend informieren.

5.4 Welche Botschaften wollen Sie transportieren?

Im nächsten Schritt geht es nun darum, die strategischen Botschaften zu definieren. Dies geschieht in der Regel mithilfe einer *Corporate Story*, in der die zentralen Themen und die Kernbotschaften für die einzelnen Stakeholdergruppen systematisch aufbereitet und miteinander verknüpft werden.[66] Eine solche Story ist die inhaltliche Grundlage für sämtliche Kommunikationsmaßnahmen.

In der Praxis ist zu beobachten, dass Kommunikationsexperten oft auf einer instrumentellen Ebene denken: Sie gehen davon aus, dass die zu kommunizierenden Inhalte von der Geschäftsleitung oder den Fachabteilungen geliefert werden und es ihre Aufgabe ist, diese dann über die zur Verfügung stehenden Kanäle an die Rezipienten weiterzugeben. Tatsächlich ist dies ein Fehler! Kommunikation sollte immer von den Inhalten her gedacht werden. Denn in der Formulierung von Botschaften, die verständlich sind, die überzeugen und die die Stakeholder bei Bedarf auch emotional ansprechen, liegt ein wirklicher Hebel der Wertschöpfung. Allein die Tatsache, dass Inhalte sachlich richtig sind, bedeutet noch lange nicht, dass sie sich auch kommunizieren lassen.

Viele Sachverhalte sind so komplex, dass es kaum möglich ist, sie zu verstehen, ohne sich intensiv mit der Thematik auseinanderzusetzen. Hier kann eine kommunikative Klammer helfen, die die komplexen Inhalte in einem Schlagwort zusammenfasst. Diese Methode ist sowohl in der Politik zu beobachten (etwa „Agenda 2010" oder „Hartz IV") als auch bei Veränderungsprozessen im Unternehmen (etwa „Shape" für einen Restrukturierungsprogramm oder „First Choice" für eine Serviceoffensive). Wirklich programmatische Begriffe, die sowohl die Inhalte der geplanten Maßnahmen als auch den Nutzen für die davon Betroffenen beinhalten, sind nur sehr selten zu finden. Daher werden viele Programmnamen kritisiert, da in ihnen ein Symbol für die dahinterstehende technokratische Kälte gesehen wird oder sie schlicht als Management-Jargon entlarvt werden.

---

[66] Vgl. etwa Marzec (2007), S. 26 ff.

Das Gleiche gilt auch für die verbreitete Unsitte im Unternehmen, wichtige Informationen per Powerpoint-Präsentation zu verbreiten. Aus Schaubildern und Zahlen allein entsteht keine Geschichte. Renditeziele per se stiften keinen Sinn, dieser kann erst durch die richtigen Kernbotschaften hergestellt werden – hier ist also deutlich mehr als Powerpoint gefordert! Mit der Devise *„Connect with the heart as well as the head"* ist die Forderung verbunden, die Stakeholder sowohl auf emotionaler als auch auf rationaler Ebene anzusprechen.

Eine Technik hierzu ist das *Storytelling*, das zunehmend auch in der Unternehmenskommunikation eingesetzt wird. Beim Storytelling werden gezielt Geschichten eingesetzt, um Botschaften besser zu vermitteln. Anders als abstrakte Informationen sind Geschichten eingängig und bleiben im Gedächtnis. Anhand solcher Geschichten lassen sich etwa Werte und Kultur anschaulich vermitteln oder Problemfelder für die Zuhörer erfahrbar machen. Die Technik des Storytelling setzte Jack Welsh bereits in den 1980er-Jahren bei der Transformation von General Electric ein, und auch Steve Jobs vertraut bei Apple darauf.

Denken Sie auch darüber nach, wie sich die Botschaften visuell unterstützen lassen. So ist eine Statistik als reines Zahlenwerk deutlich schwieriger zu verstehen als ein aus den entsprechenden Zahlen hergestelltes Schaubild, mit dem sich Größenverhältnisse und Relationen auf einen Blick erfassen lassen. Dies macht sich auch die Unternehmenskommunikation zunutze und versucht, durch eine einheitliche Bildsprache einen höheren Wiedererkennungswert zu erreichen und auch Emotionen zu transportieren. Gerade bei globalen Kommunikationskampagnen geht der Trend dahin, die zentralen Kommunikationsinhalte zu visualisieren, sodass sie weltweit Bestand haben und im Gegensatz zum Text nicht angepasst bzw. übersetzt werden müssen.

Die Empfänger sollten es so leicht wie möglich haben, die Botschaften aufzunehmen. Denn Kommunikation ist das, was bei ihnen ankommt. Achten Sie vor diesem Hintergrund auch darauf, dass Texte nicht zu kompliziert sind. Der Schwierigkeitsgrad von Texten kann mithilfe von Lesbarkeitsindizes festgestellt werden, die etwa US-amerikanische Beratungsgesellschaften im Rahmen ihrer Kommunikationsaudits einsetzen.[67]

Folgende Grundregeln können bei der Formulierung von klaren Botschaften hilfreich sein:

(1) **Klare Zielsetzung:** Der Verfasser der Botschaften sollte sich über die Gründe und Ziele der geplanten Kommunikationsmaßnahme klar sein.

(2) **Auf den Punkt:** Die Information sollte nur die absolut wichtigsten Punkte enthalten. Alle Details, die zum Verständnis nicht notwendig sind, sollten konsequent weggelassen werden.

(3) **Plausible Struktur:** Die Information sollte klar strukturiert sein. Wenige, dafür umso prägnantere Botschaften können von den Empfängern leichter aufgenommen werden.

(4) **Kein Fachchinesisch:** Fachjargon und komplizierte Begriffe gilt es unbedingt zu vermeiden. Die Gefahr, dass die Empfänger die Botschaften nicht verstehen, ist zu groß.

(5) **Einfache Sprache:** Die Botschaften sollten in einer einfachen und positiv-affirmativen Sprache formuliert werden, ohne dabei zu werblich zu werden.

---

[67] Dies ist etwa von Towers Watson bekannt, die den Gunning Fox-Index einsetzen.

5.5 Wie sollen die Botschaften transportiert werden?

Nachdem klar ist, was kommuniziert wird und wie diese Inhalte aufbereitet werden sollten, gilt es nun festzulegen, wie die Inhalte an die Stakeholder transportiert werden. Wie bereits erwähnt, ist es für den Erfolg eines Kommunikationsprogramms sehr wichtig, die richtigen Kommunikationskanäle auszuwählen. Im Allgemeinen unterscheidet man hier zwischen persönlicher Kommunikation (der direkten Kommunikation zwischen zwei oder mehreren Personen) und medialer Kommunikation (über diverse Kommunikationsmedien), die im Gegensatz zur persönlichen Kommunikation keine unmittelbare Möglichkeit beinhaltet, Rückfragen zu stellen oder Feedback zu geben.

Die externe Unternehmenskommunikation setzt im Rahmen der Pressearbeit Massenmedien (Zeitungen, Radio- und TV-Sender und Onlinemedien) ein, die die Botschaften zu den Rezipienten transportieren sollen. Diese kann das Unternehmen aber, wie eingangs erwähnt, nicht beeinflussen, zudem sind sie auch für die Wettbewerber zugänglich. Daher ergänzen Unternehmen in ihrer Kommunikation Instrumente, auf deren Inhalte sie selbst Einfluss nehmen können, etwa Kundenzeitschriften, Mailings, Veranstaltungsreihen oder selbst betriebene Internetseiten.

Bei der Auswahl geeigneter Kommunikationsinstrumente hat es sich in der Vergangenheit als hilfreich erwiesen, auf folgende Aspekte zu achten:

(1) **Erreichbarkeit der Nutzer:** Ist bekannt, wie viel Prozent der Stakeholder durch einen Kommunikationskanal auch tatsächlich erreicht werden können? So ist etwa darauf zu achten, dass in einem Unternehmen nicht alle Mitarbeiter einen PC-Arbeitsplatz haben und dadurch manche nicht oder nur eingeschränkt auf das Intranet zugreifen können.

(2) **Akzeptanz der Nutzer:** Ist bekannt, inwieweit die Stakeholder die eingesetzten Instrumente auch tatsächlich nutzen und inwieweit sie diese als geeignetes Instrument zur Vermittlung von Botschaften akzeptieren?

(3) **Effizienz der Instrumente:** Werden die richtigen Instrumente im Hinblick auf die Zielerreichung eingesetzt, oder gibt es andere Kanäle, die die Aufgaben besser oder billiger erfüllen könnten?

(4) **Vernetzung der Instrumente:** Werden die eingesetzten Instrumente intelligent miteinander vernetzt? Gibt es zum Beispiel Hinweise auf weiterführende Informationen auf der Webseite in der Kundenzeitschrift bzw. auf das Intranet in der Mitarbeiterzeitung?

(5) **Dialogmöglichkeit:** Können die Empfänger der Botschaften mit dem Absender in Kontakt treten? Ist dies erwünscht? Wie soll damit umgegangen werden, wenn es tatsächlich passiert?

Aber nicht allein diese Kriterien spielen bei der Auswahl der Instrumenten eine Rolle. Manche Kommunikationsinstrumente haben auch eine hohe symbolische Bedeutung. Besonders deutlich zeigte sich dies beispielsweise im Krisenjahr 2009 in der Kommunikation mit internen Stakeholdern, als es um die Notwendigkeit von Mitarbeiterzeitschriften ging: Zwar sind die Argumente, die gegen eine Mitarbeiterzeitung sprechen (u. a. vergleichsweise hohe Herstellungskosten und geringe Aktualität), auf den ersten Blick nachvollziehbar. Dennoch erweckt die Einstellung einer etablierten Mitarbeiterzeitung bei den Beschäftigen den Eindruck, dass das Unternehmen ihnen ein Stück Wertschätzung nimmt, die sie zuvor erhalten haben. Dies kann das Betriebsklima ungewollt verschlechtern.

Aber auch bei externen Stakeholdern können Einsparungen unerwünschte Wirkungen haben: So kann es beispielsweise passieren, dass Kunden ihre Bank wechseln, weil sie nicht mehr zum Golftunier des Finanzdienstleisters eingeladen werden oder keine VIP-Eintrittskarten für Sportveranstaltungen mehr erhalten. Vor diesem Hintergrund gilt es, sorgfältig zu prüfen, inwieweit sich Einsparungen bei den Kommunikationsaktivitäten nicht als Bumerang erweisen und das Gegenteil von dem bewirken, was eigentlich bezweckt wurde (in diesem Fall nämlich ein intensiverer persönlicher Kontakt zum Bankberater).

5.5.1 Persönliche Kommunikation

Grundsätzlich wird der persönlichen Kommunikation eine hohe Bedeutung beigemessen, denn sie eröffnet den Beteiligten die Möglichkeit, miteinander in Interaktion zu treten und eventuell auftretende Unklarheiten oder offene Fragen direkt ansprechen und beantworten zu können. Zudem lässt sich die Vermittlung von Botschaften auf die Empfänger anpassen und beispielsweise auch unterschiedliches Vorwissen berücksichtigen. Allerdings bindet eine persönliche Kommunikation oft viel Zeit, und dadurch entstehen dem Unternehmen nicht zu vernachlässigende Kosten. Bei der eingangs erwähnten Kommunikationskaskade kann es zudem vorkommen, dass wichtige Informationen ausgelassen oder verfremdet werden. Je nach den Fähigkeiten der Führungskraft werden Botschaften dabei besser oder schlechter vermittelt.

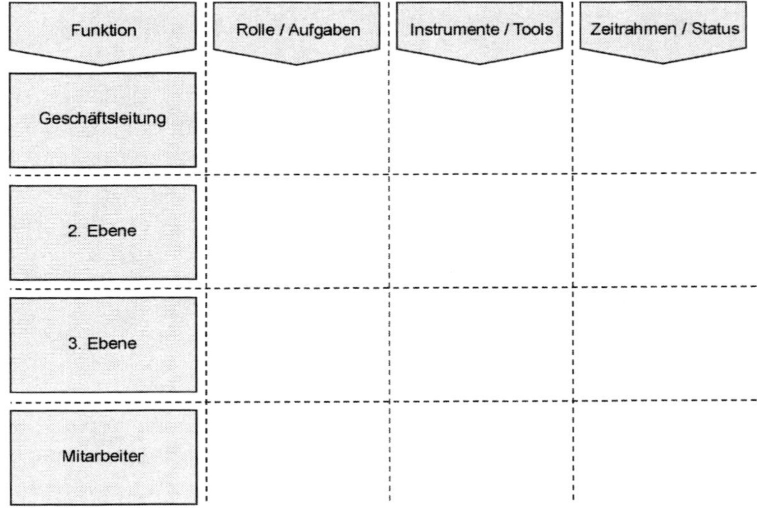

Abbildung 18: Schematische Kommunikationskaskade

Neben der Kaskade gibt es weitere Formate der persönlichen Kommunikation. Dazu gehören Veranstaltungen, auf denen die Geschäftsleitung auf Mitarbeiter trifft (etwa Mitarbeiterversammlungen, Frühstück oder Mittagessen der Geschäftsleitung mit ausgewählten

Mitarbeitern oder Veranstaltungen für Führungskräfte), oder Veranstaltungen, bei denen die Geschäftsleitung mit externen Stakeholdergruppen zusammenkommt (Hintergrundgespräche mit Journalisten, Präsentationen vor Analysten, Kundenbesuche oder Gespräche mit Politikern). Auch hier spielt die Inszenierung des Top-Managements eine immer größere Rolle: Zwar gilt die Binsenweisheit, dass persönliche Kommunikation „authentisch" sein soll, dennoch inszenieren Manager ihre Auftritte bewusst, um einen möglichst positiven Eindruck zu hinterlassen. So lassen sie etwa ihr Jackett über der Stuhllehne hängen und krempeln bewusst die Ärmel hoch, um als besonders dynamisch und zupackend wahrgenommen zu werden. Hierbei werden sie mal besser, mal schlechter von externen Kommunikationsexperten gecoacht, die sie auf wichtige Auftritte vorbereiten.

5.5.2 Mediale Kommunikation

Die Digitalisierung hat deutliche Auswirkungen auf die Kommunikationsinstrumente der Unternehmen: Gedruckte Medien (Unternehmensbroschüren, Kundenzeitschriften, Geschäftsberichte oder Produktflyer) werden zunehmend durch elektronische Medien ergänzt (Internet, Intranet und Social Media). Die Bedeutung von Online-Medien und Social Media nimmt weiter zu und wird nach Einschätzung europäischer Kommunikationsexperten bis 2013 sogar die Pressearbeit als den bislang wichtigsten Kommunikationskanal der Unternehmenskommunikation ablösen.[68]

Als wichtigste Social-Media-Plattformen werden in der Studie Online-Communitys (etwa Facebook) genannt, gefolgt von Online-Videos, Blogs, Microblogs (wie Twitter), RSS-Feeds, Wikis und Audio-Podcasts. Online-Videos eignen sich gut, um Zusammenhänge zu erklären oder Entwicklungen zu kommentieren. Handwerklich gut gemachte Videos werden oft 1:1 von Online-Medien übernommen und bieten dadurch großes PR-Potenzial. Viele Journalisten nutzen auch gezielt Video-Portale wie YouTube oder Vimeo für ihre Recherche. Auch im Pressebereich (*Newsroom*) auf der Website des

[68] Zerfaß et al. (2010), S. 69.

Unternehmens können die Videos oder Links zu den entsprechenden Plattformen eingebunden werden. Der Einsatz von Social Media wurde im Fallbeispiel in Kapitel 4.4 ausführlicher dargestellt.

Es fällt auf, dass das Thema Social Media nicht zwangsläufig in der Unternehmenskommunikation verankert ist, sondern oft auch an der Marketingfunktion hängt. In diesem Fall hat die Unternehmenskommunikation ihre Hausaufgaben noch zu machen, denn diese Instrumente sollten im Sinne einer integrierten Unternehmenskommunikation hier genutzt und beobachtet werden.

Die folgende Tabelle zeigt beispielhaft unterschiedliche Kommunikationsinstrumente der einzelnen Teildisziplinen:

	Beispielhafte Kommunikationsinstrumente	
	Persönlich	Medial
Public Relations	• Hintergrundgespräche • Interviews • Journalisten-Workshops	• Pressemitteilungen • Pressedatenbank im Internet
Interne Kommunikation	• Mitarbeiterversammlungen • Teammeetings • Einzelgespräche	• Mitarbeiterzeitschrift • Intranet • Poster, Tablettaufleger
Public Affairs	• Persönliche Hintergrundgespräche • Parlamentarische Abende	• Publikationen zu eigenen Standpunkten • Briefe an Parlamentarier
Finanzkommunikation	• Analysten-Präsentationen • Roadshows • One-on-Ones	• Hautversammlung • Geschäftsbericht • IR-Rubrik im Internet
Marktkommunikation	• Persönliche Kundengespräche • Kundenveranstaltungen	• Werbekampagne • Kundenzeitschrift • E-Mail-Newsletter

Abbildung 19: Kommunikationsinstrumente

5.6 Wann soll die Aufmerksamkeit ihren Höhepunkt erreichen?

Bei der Kommunikationsplanung ist zunächst die Ebene festzulegen: Soll der Plan die gesamten Kommunikationsaktivitäten des Unternehmens enthalten (Jahresplan) oder soll sich die Planung auf eine einzelne Teildisziplin (etwa Planung Finanzkommunikation) oder auf eigenständige Projekte (etwa Restrukturierung eines Geschäftsbereiches) beziehen?

Im Rahmen der Planung sollten Sie dann wichtige Meilensteine berücksichtigen, die sich aus den Unternehmensaktivitäten ergeben. Solche Meilensteine können beispielsweise bereits feststehende Messetermine, die Hauptversammlung oder eine alljährlich stattfindende Führungskräftetagung sein.

Um diese Meilensteine herum planen Sie die Kommunikationsaktivitäten und halten das Ergebnis in einem sogenannten Kommunikationsplan fest, der Informationen darüber enthält, wann welche Maßnahmen zum Einsatz kommen sollen. Im Plan wird die Orchestrierung der einzelnen Maßnahmen ersichtlich, also die Abfolge und Kombination der einzelnen Kommunikationsinstrumente sowie deren Taktung bzw. Frequenz.

Ebenfalls wichtig bei der Kommunikationsplanung ist es, eine Dramaturgie der Maßnahmen zu berücksichtigen: Verknüpfen Sie die geplanten Einzelmaßnahmen so miteinander, dass eine geschlossene Kampagne entsteht, die durch einen oder mehrere Höhepunkte der Aufmerksamkeit gekennzeichnet ist. Solch ein Höhepunkt kann beispielsweise der *Day One* nach einer Übernahme sein.

Während das Kommunikationskonzept zum Teil recht umfassend sein kann, soll der Kommunikationsplan eine Übersicht anbieten, bei der möglichst alle Maßnahmen auf einem Blick zu erkennen sind. Folgende Abbildung verdeutlicht dies beispielhaft:

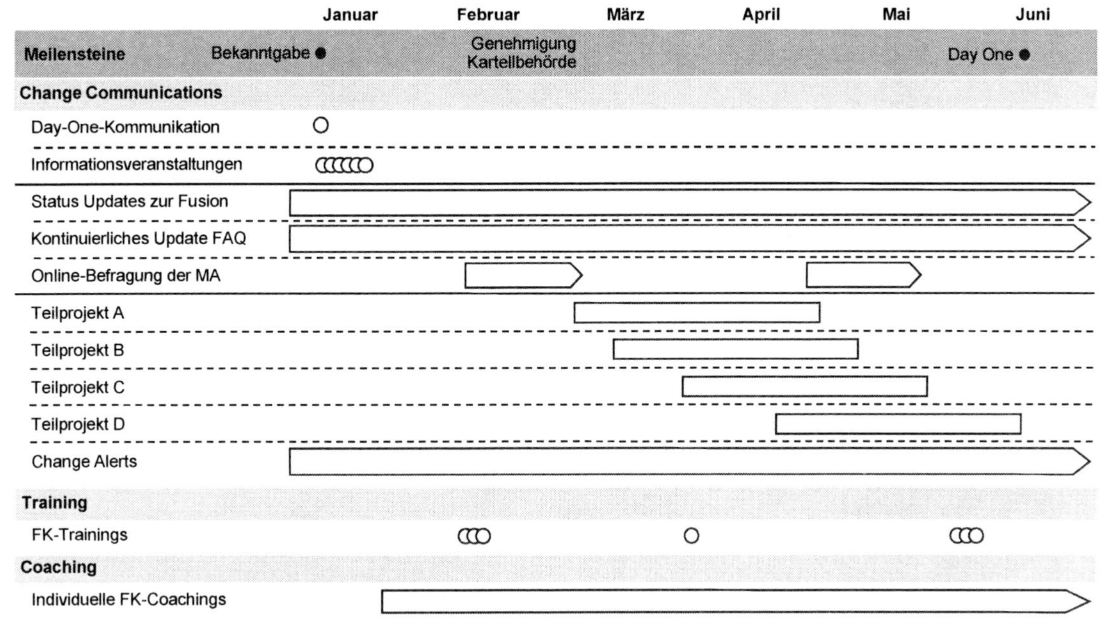
Januar
Februar
März
April
Mai
Juni
Meilensteine
Bekanntgabe
Genehmigung Kartellbehörde
Day One
Change Communications
Day-One-Kommunikation
Informationsveranstaltungen
Status Updates zur Fusion
Kontinuierliches Update FAQ
Online-Befragung der MA
Teilprojekt A
Teilprojekt B
Teilprojekt C
Teilprojekt D
Change Alerts
Training
FK-Trainings
Coaching
Individuelle FK-Coachings

Abbildung 20: Kommunikationsplan

5.7 Wie messen Sie den Erfolg der Kommunikation?

Wenn Sie zu Beginn der Konzeption darauf geachtet haben, „smarte“ Ziele zu formulieren, dann sollte es nun relativ einfach sein, Kennzahlen zu definieren, um die Zielerreichung zu messen. In der Praxis kommt die Erfolgskontrolle der Kommunikation meist zu kurz. Ein umfassendes Controlling der Unternehmenskommunikation ist aber notwendig, weil es wichtige Rückschlüsse für die Planung und Budgetierung zukünftiger Kommunikationsaktivitäten zulässt.

An der Grundeinstellung *„You can't manage what you can't measure“* („Was sich nicht messen lässt, lässt sich nicht steuern“) mangelt es im Kommunikationsbereich teilweise noch. Das liegt nicht zuletzt an dem Selbstbild, das einige Kommunikationsfachleute haben: Sie sehen sich eher als „Kreative“, die Ideen entwickeln und ein gutes Gespür für Themen und Trends haben, denn als „Buchhalter“, die zahlenversessen jede Statistik und jeden Bericht auswerten.

Grundlegende Kriterien zur Erfolgskontrolle sind Effektivität und Effizienz der Unternehmenskommunikation. Die Frage, ob das Unternehmen im Rahmen seiner Kommunikation die richtigen Dinge tut, beinhaltet den Beitrag, den die Kommunikationsfunktion zur Erreichung der Unternehmensziele leistet (Effektivität). Die Effizienz bewertet die Frage, ob das Unternehmen in seiner Kommunikation die richtigen Dinge tut – und damit die organisatorische und programmatische Ausgestaltung der Kommunikationsfunktion.

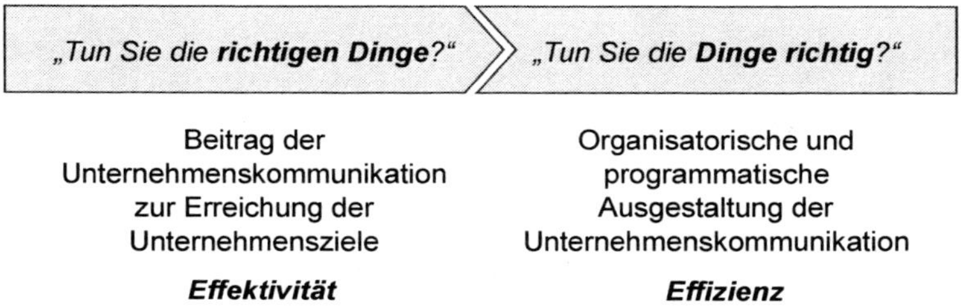

„Tun Sie die **richtigen Dinge**?“	„Tun Sie die **Dinge richtig**?“
Beitrag der Unternehmenskommunikation zur Erreichung der Unternehmensziele	Organisatorische und programmatische Ausgestaltung der Unternehmenskommunikation
Effektivität	***Effizienz***

Abbildung 21: Effektivität und Effizienz der Unternehmenskommunikation

Will die Unternehmenskommunikation als Instrument der Unternehmensführung anerkannt sein, so muss sie zwangsläufig auch nachweisen können, wie sie den Erfolg des Unternehmens beeinflussen kann. Vor diesem Hintergrund gibt es in den letzten Jahren vermehrt Ansätze, die Unternehmenskommunikation messbar zu machen. So hat etwa der DPRG-Arbeitskreis „Wertschöpfung durch Kommunikation“ verschiedene Thesenpapiere zu Kommunikationskennzahlen vorgelegt, die die Bereiche interne und externe Kommunikation, Finanzkommunikation und Marketingkommunikation umfassen.

Das DPRG-Modell zum Kommunikationscontrolling basiert auf dem Balanced-Scorecard-Ansatz von Kaplan und Norton[69] und unterscheidet drei aufeinander aufbauende Wirkungsdimensionen der Unternehmenskommunikation. Demnach kann eine Erfolgsmessung auf folgenden Ebenen stattfinden:[70]

(1) **Output** bezieht sich auf die Verfügbarkeit und die Reichweite von Botschaften und auf das Wissen und die Wahrnehmung der Stakeholder. In der Praxis bewegt sich die Erfolgsmessung der meisten Unternehmen auf der Ebene des Outputs. So werden etwa *Clippings* eingesetzt, also Ausschnitte aus Printmedien, in denen das Unternehmen (oder der gesuchte Begriff) erwähnt wird. Eine Weiterentwicklung

---

[69] Vgl. Kapitel 1.2.2.

[70] Vgl. im Folgenden DPRG (2007).

der Medienbeobachtung durch Clippings sind sogenannte Medienresonanzanalysen, bei denen nicht nur die quantitativen Daten erfasst (Anzahl der Nennungen, Reichweite, Position und Größe des Artikels), sondern auch qualitative Auswertungen vorgenommen werden (etwa die inhaltliche Auswertung der Berichterstattung hinsichtlich der Tonalität). Dies lässt Rückschlüsse auf die Wahrnehmung der Leser zu. Neben der Medienbeobachtung werten viele Unternehmen auch die Internet- bzw. Intranet-Nutzung aus, die sich ohne großen zusätzlichen Aufwand erfassen lässt. Die Output-Kontrolle zeigt unter anderem, ob die Kommunikationsmaßnahmen effizient und erfolgreich durchgeführt wurden und ob Botschaften den Zielgruppen zugänglich gemacht werden konnten.

(2) **Outcome** bezieht sich auf die Wirkung der Unternehmenskommunikation, auf das Verhalten und die Einstellungen der Stakeholder. In der Praxis wird dies etwa durch die Befragung einzelner Stakeholdergruppen (z. B. Mitarbeiterbefragung) erhoben. Die Outcome-Messung zeigt, ob die Wahrnehmung der Botschaften die Meinungen, Einstellungen, Emotionen und das Verhalten der Stakeholder verändert.

(3) **Outflow** bezieht sich auf die betriebswirtschaftliche Wirkung der Unternehmenskommunikation. In der Praxis wird diese Ebene bislang noch selten gemessen; Ergebnissen des „European Communication Monitor 2010“ zufolge erfasst bislang nur rund ein Viertel der Befragten diese Ebene der Kommunikationswirkung.[71] In der Praxis werden übergeordnete Zielgrößen der Unternehmenskommunikation (wie die Reputation) gemessen, um den Outflow zu bestimmen. Auch lässt sich mithilfe von Scorecards und Strategy Maps sicherstellen, dass sich die Unternehmenskommunikation konsequent am Unternehmenserfolg orientiert. Die Outflow-Messung zeigt, welchen Beitrag die

[71] Vgl. Zerfaß et al. (2010), S 98 ff.

Unternehmenskommunikation leistet, um die strategischen Unternehmensziele (etwa Qualitätsführerschaft, Marktposition oder Innovationskraft) und die finanziellen Ziele (etwa Ertragsentwicklung, Kostenführerschaft oder Cashflow) zu erreichen.

Neben den dargestellten ergebnisorientierten Wirkungsgrößen wird außerdem der Input gemessen, der notwendig ist, um Kommunikationsleistungen zu erbringen. Hier erfasst man beispielsweise die angefallenen Kosten für die einzelnen Kommunikationsmaßnahmen sowie die Einhaltung von Budgets.

5.8 Wer ist verantwortlich?

In der Praxis zeigt es sich, dass bei der Umsetzung eines Kommunikationskonzepts neben inhaltlichen Fragen auch ein wesentlicher Erfolgsfaktor darin liegt, einen Projektrahmen festzulegen, der klare Verantwortlichkeiten, Zeitpläne und Budgets enthält. Neben der sogenannten Regel- oder Routinekommunikation[72] sind eine Reihe von weiteren, anlassbezogenen Kommunikationsaktivitäten durchzuführen. Hierzu sollten Sie klare Verantwortlichkeiten definieren, die sich mitunter nicht aus dem Organigramm der Abteilung ergeben. Weiterhin müssen Sie für diese Aufgaben den geplanten Ressourceneinsatz, die voraussichtlich aufzuwendende Zeit und das zur Verfügung stehende Budget definieren. Das Wichtigste zu diesen drei Punkten folgt hier:

(1) **Personelle Ressourcen:** Es ist wichtig, alle relevanten Personen bzw. Funktionen im Unternehmen frühzeitig einzubinden. Bekommt die Kommunikationsabteilung etwa den Auftrag, ein Unternehmensleitbild und -werte zu entwickeln und im Unternehmen zu verankern, so empfiehlt es sich, die Personalabteilung in den Prozess einzubinden (umgekehrt, im Falle der Beauftragung der Personalabteilung, gilt das Gleiche). Sollen neue Produkte kommuniziert werden, ist es ratsam, eng mit Vertretern der Forschungs- und Entwicklungsabteilung und der Marketingabteilung zusammen zu arbeiten. Die internen Kommunikationsexperten können nur dann gute Arbeit leisten, wenn sie in Projekte eingebunden werden und dadurch umfassende Informationen bekommen. Vor diesem Hintergrund sind eine hohe Akzeptanz und eine gute Vernetzung der Kommunikationsverantwortlichen im Unternehmen wichtig. Wird beispielsweise ein Projekt zur Restrukturierung eines Geschäftsbereichs aufgesetzt, sollte ein Ansprechpartner der Kommunikationsabteilung das Projektteam begleiten und sicherstellen, dass wichtige

[72] Zur Regel- und Routinekommunikation gehören Aufgaben, die regelmäßig in einer Kommunikationsabteilung anfallen, etwa der Aussand von Pressemeldungen oder die Bestückung des Intranets mit aktuellen Nachrichten.

Informationen zeitnah intern und extern kommuniziert werden. Dies ist oft für Kommunikationsexperten schnell ersichtlich, während Projektmitglieder, die keine Erfahrung in Kommunikationsangelegenheiten haben, solche Aspekte oft unberücksichtigt lassen und gar nicht oder zu spät über wichtige Veränderungen informieren. Innerhalb der Kommunikationsabteilung sollte klar geregelt werden, welche Mitarbeiter mit welchem Zeiteinsatz an welchen Projekten mitwirken und wer die Verantwortung trägt. Das ist nicht zuletzt vor dem Hintergrund einer sinnvollen Kapazitätsverteilung innerhalb der Abteilung Unternehmenskommunikation wichtig. Mitarbeiter, die bereits durch Routinetätigkeiten voll ausgelastet sind, sollten nicht ohne Entlastung an anderer Stelle in zusätzliche Projekte eingebunden werden. Das Risiko von Fehlern durch Überlastung oder von einem Komplettausfall des Mitarbeiters ist zu hoch und kann den Projekterfolg gefährden.

(2) **Zeitplanung:** Wird im Kommunikationsplan die genaue Abfolge der einzelnen Kommunikationsaktivitäten definiert, so sollte ein Projekt- oder Zeitplan die Tätigkeiten enthalten, die nötig sind, um die geplanten Maßnahmen umzusetzen. Hierzu gilt es, die Aufgaben zu detaillieren, sie in einzelne Arbeitspakete aufzuteilen und diese wiederum mit klaren Zuständigkeiten und Endterminen zu versehen. Dies ist insbesondere bei komplexeren Projekten wichtig, da es sonst schwierig ist, den Überblick zu behalten und Verzögerungen rechtzeitig zu bemerken (etwa wenn das rechtzeitige Erscheinen einer Publikation gefährdet ist). Kommunikationsaufgaben sind oft komplex, weil unterschiedliche Akteure gemeinsam eine Aufgabe bearbeiten. So sind etwa bei einer Führungskräftetagung neben den Vorstandsstäben und relevanten Fachabteilungen auch Redenschreiber, Event-Experten und eine Reihe externer Dienstleister beteiligt, zum Beispiel ein Gastredner, eine Business-Theater-Truppe und ein Film-/Regieteam. Die einzelnen Arbeitsschritte sind in der Regel eng miteinander verwoben. Verzögert sich an

einer Stelle ein Termin, so kann sich dies schnell auf das gesamte Projekt auswirken. Daher ist die Zeitbudgetierung bei vielen Kommunikationsaufgaben diffizil und erfolgskritisch zugleich. Die Planung von Zeitpuffern ist ebenso zu empfehlen wie ein „Plan B“, der regelt, was passiert, wenn einer der Redner erkrankt oder die Wetterverhältnisse das geplante Außenevent verhindern.

(3) **Budget:** Ein wichtiger Erfolgsfaktor liegt darin, einen finanziellen Rahmen festzulegen, der für die Kommunikationsaktivitäten zur Verfügung steht, und kontinuierlich zu kontrollieren, ob dieses Budget eingehalten wird. So entsteht Planungssicherheit, und es entwickelt sich eine immer validere Basis für vergleichbare Projekte in der Zukunft. In der Praxis gibt es verschiedene Methoden, um ein Kommunikationsbudget festzulegen: Beginnend mit einem Blick in die eigene Kasse orientiert man sich hier an den finanziellen Möglichkeiten des Unternehmens und bezieht gegebenenfalls noch die aktuelle Geschäftsentwicklung in die Erwägung ein. Ein Vergleich mit den Budgets der Wettbewerber kann weitere Anhaltspunkte für die Budgetierung liefern. Am sinnvollsten erscheint es allerdings, nicht nur die finanziellen Möglichkeiten des Unternehmens und die branchenüblichen Budgets zu berücksichtigen, sondern auch die angestrebten Ziele. Denn nur, wenn auch die strategische Dimension der Unternehmenskommunikation in die Budgetierung einfließt, werden die Budgets ausreichen, um die Ziele auch tatsächlich zu erreichen.

Fazit: Jetzt sind Sie dran!

Wie Sie bei der Lektüre des vorliegenden Bandes gesehen haben, zeichnet sich erfolgreiche Unternehmenskommunikation in der Praxis durch eine saubere Analyse, eine strukturierte Planung und eine professionelle Umsetzung aus. Genau dabei können und sollen Ihnen die genannten acht Fragen helfen.

Genauso wichtig wie eine saubere Planung und eine gute Ausführung ist aber ein überzeugender kreativer Ansatz. Nichts ist gefährlicher als ein Standard-Konzept, dessen Wirkung verpufft, weil es die immer gleichen Inhalte mit den immer gleichen Instrumenten transportiert. Einem meiner frühen Lehrer an der Universität der Künste, Herrn Prof. Werner Gaede, zufolge ist Kreativität ein Regelverstoß, den man systematisch herleiten kann.[73] Kreative Kommunikation muss zweifelsohne in die Gesamtsituation des Unternehmens passen, kann dann aber eine nachhaltigere Wirkung erzielen, weil sich überraschende Botschaften deutlich vom etablierten Standard abheben. Dies muss keinesfalls durch einen Bruch mit den Normen und Werten der Stakeholder (etwa durch Provokation) passieren, sondern kann durch alles erreicht werden, was von den erlernten Wahrnehmungsschemata und den Erwartungen der Stakeholder abweicht.

Während Kreativität als Erfolgsfaktor im Bereich der Werbung ohne Zweifel anerkannt ist, wird sie aus meiner Sicht in der Unternehmenskommunikation bislang zu Unrecht vernachlässigt. Denn auch hier geht es letztlich darum, die Aufmerksamkeit der Stakeholder zu erreichen, um dann – gemäß den aufeinander aufbauenden Wirkungsstufen der Kommunikation – ihre Einstellungen und Verhaltensweisen im Sinne des Unternehmens zu beeinflussen.

Ich wünsche Ihnen viel Freude bei der Gestaltung Ihrer Unternehmenskommunikation!

[73] Vgl. Gaede (2001).

Über die Autorin

Dr. Eva Salzer berät seit 1996 Führungskräfte aus Unternehmen, Organisationen und Verbänden in Fragen der Unternehmenskommunikation. Schwerpunkte ihrer Beratungstätigkeit liegen in der Begleitung von Change- und Reorganisationsprozessen sowie in der Steigerung der Effizienz und Effektivität der Unternehmenskommunikation.

Das Beratungshandwerk lernte die Diplom-Kommunikationswirtin bei Roland Berger Strategy Consultants. Zuletzt war sie als Director bei Deekeling Arndt Advisors in Communications tätig, bevor sie sich 2008 mit EVA SALZER Strategy & Communications selbstständig machte.

Dr. Eva Salzer hat Gesellschafts- und Wirtschaftskommunikation an der Universität der Künste in Berlin und an der Rice University in Houston studiert, an der Wirtschaftsfakultät der Privaten Universität Witten/Herdecke promoviert und ein Executive-Education-Programm an der Harvard Business School absolviert.

Seit mehreren Jahren ist die Autorin auch als Hochschuldozentin auf dem Gebiet der Unternehmenskommunikation tätig. Sie unterrichtete u. a. an der Universität Witten/Herdecke und der International School of Management und wurde 2010 zur Professorin an der accadis Hochschule in Bad Homburg berufen. Darüber hinaus unterstützt sie die Professionalisierung des Nachwuchses als Gremienmitglied der Prüfungs- und Zertifizierungskommission der deutschen Kommunikationswirtschaft (PZOK) und als Beiratsmitglied des PR Career Centers. Dr. Eva Salzer ist Mitglied der International Association of Business Communicators (IABC) und des Bundesverbands deutscher Pressesprecher (BdP) und veröffentlicht und referiert regelmäßig zu aktuellen Fragestellungen der Unternehmenskommunikation.

Hinweise, Anregungen und Fragen aus dem Kreise der Leser sind stets willkommen und erreichen die Autorin unter es@evasalzer.de.

Literaturüberblick

Althaus, M., Public Affairs und Lobbying, in: Piwinger, M./ Zerfaß, A. (Hrsg.), Handbuch der Unternehmenskommunikation, Wiesbaden 2007, S. 797–816.

Argenti, P. A., Corporate Communication, 4th Edition, New York 2007.

Bentele, G./Großkurth, L./Seidenglanz, R.,Profession Pressesprecher. Vermessung eines Berufsstandes, Berlin 2009.

Bentele, G./Nothhaft, H., Konzeption von Kommunikationsprogrammen, in: Piwinger, M./Zerfaß, A. (Hrsg.), Handbuch der Unternehmenskommunikation, Wiesbaden 2007, S. 357–380.

Berg, H.–J./Kalthoff-Mahnke, M./Wolf, E. (Hrsg.), Jahrbuch Interne Unternehmenskommunikation, Dortmund 2008.

Bickhoff, N., Quintessenz des strategischen Managements. Was Sie wirklich wissen müssen, um im Wettbewerb zu überleben, Berlin/ Heidelberg 2008.

Birkigt, K./Stadler, M. M. (Hrsg.): Corporate ldentity. Grundlagen, Funktionen, Fallbeispiele, 2. Aufl., Landsberg am Lech 1985.

Booz & Company (Hrsg.), Offshoring the Brains as Well as the Brawn – Companies Seek Intellectual Talent Beyond Their Borders, New York 2008.

Bruhn, M., Integrierte Unternehmenskommunikation. Ansatzpunkte für eine strategische und operative Umsetzung integrierter Kommunikationsarbeit, 2. überarb. und erw. Aufl., Stuttgart 1995.

Bruhn, M./Ahlers, G. M., Der Streit um die Vormachtstellung von Marketing und Public Relations in der Unternehmenskommunikation – Eine unendliche Geschichte?, in: Marketing ZFP, 26. Jg., Nr. 1/2004, S. 71–80.

Buchholz, U./Knorre, S., Grundlagen der Internen Unternehmenskommunikation, Berlin 2010.

Burson-Marsteller (Hrsg.), A Guide to Effective Lobbying in Europe, 2009, www.burson-marsteller.be.

Chandler, A., Strategy and Structure – Chapters in the History of the American Industrial Enterprise, Boston 1962.

Cornelissen, J., Corporate Communications. Theory and Practice, London 2004.

Cutlip, S. M./Center, A. H./Broom, G. M., Effective Public Relations, 8th Edition, New Delhi 2006.

Davenport, T. H./Iyer, B., Wenn Unternehmen das Denken outsourcen, in: Harvard Business Manager, Februar/2009, S. 8–10.

Deekeling, E./Arndt, O., CEO-Kommunikation. Strategien für Spitzenmanager, Frankfurt/New York 2006.

Deutsche Public Relations Gesellschaft e. V. (DPRG) (Hrsg.), Werttreiber, Value Links und Key Performance Indicators der Kommunikation: Theoretische Grundlagen, Berlin 2007.

Doran, G. T., There's a S.M.A.R.T. way to write management's goals and objectives, in: Management Review, Vol. 70, Nr. 11/1981, S. 35–36.

Dörrbecker, K./Fissenewert, R., Wie Profis PR-Konzeptionen entwickeln. Das Buch zur Konzeptionstechnik, Frankfurt am Main 1995.

Fombrun, C. J., Reputation – Realizing Value from the Corporate Image, Boston 1996.

Freeman, R. E., Strategic Management. A Stakeholder Approach, Marshfield 1984.

Gaede, W., Abweichen von der Norm: Enzyklopädie kreativer Werbung, München 2001.

Galbraith, J., Effektives Lobbying in Brüssel: Eine Analyse und zwölf Tipps, in: Dagger, S./Kambeck, M. (Hrsg.), Politikberatung und Lobbying in Brüssel, Wiesbaden 2007.

Gayeski, D., Managing the Communication Function. A Blueprint for Organizational Success, 2nd Edition, San Francisco 2007.

Grunig, J. E./Hunt, Excellence in Public Relations and Communication Management, Hillsdale 1992.

Haedrich, G./Jenner, T./Olavarria, M./Possekel, S., Zur Situation der Öffentlichkeitsarbeit in deutschen Unternehmen, in: DBW, 55. Jg., Nr. 5/1995, S. 615–626.

Hansen, R./Schmidt, S., Konzeptionspraxis. Eine Einführung für PR- und Kommunikationsfachleute, Frankfurt am Main 2009.

Harvard Business School Press, The Essentials of Corporate Communications and Public Relations, Boston 2006.

Hering, R./Schuppener, B./Sommerhalder, M., Die Communication Scorecard. Eine neue Methode des Kommunikationsmanagements, Bern 2004.

Höbel, P., Kommunikation in Krisen – Krisen in der Kommunikation?, in: Piwinger, M./Zerfass, A. (Hrsg.), Handbuch der Unternehmenskommunikation, Wiesbaden 2007, S. 87–889.

Institute for Crisis Management (Hrsg.), Annual Crisis Report, June 2010, www.crisisexperts.com.

Institut für Kommunikation im Mittelstand (IfKiM) (Hrsg.), Wie Hidden Champions kommunizieren. Eine Befragung von so genannten unbekannten mittelständischen Weltmarktführern in Zusammenarbeit mit der Fachhochschule des Mittelstands (FHM), Düsseldorf 2010.

Junior PR Academy (Hrsg.), Wert schaffen & Karriere machen. Ein Weiterbildungskonzept des PR Career Centers, Düsseldorf 2010. www.pr-career-center.com/weiterbildung/junior-academy/index.html.

Kaplan, R./Norton, D., Balanced Scorecard, Stuttgart 1997.

Karmasin, M. (2007), Stakeholder-Management als Grundlage der Unternehmenskommunikation, in: Piwinger, M./Zerfaß, A., Handbuch der Unternehmenskommunikation, S. 71–87.

Kirchhoff, K. R./Piwinger, M. (Hrsg.), Die Praxis der Investor Relations. Effiziente Kommunikation zwischen Unternehmen und Kapitalmarkt, Neuwied 2000.

Kirchner, K., Integrierte Unternehmenskommunikation. Theoretische und empirische Bestandsaufnahme und eine Analyse amerikanischer Großunternehmen, Wiesbaden 2001.

Köppl, P., Lobbying und Public Affairs, in: Meckel, M./ Schmid, B. F. (Hrsg.), Unternehmenskommunikation: Kommunikationsmanagement aus Sicht der Unternehmensführung, 2., überarb. und erw. Aufl., Wiesbaden 2008, S. 187–220.

Kotler, P., Marketing-Management: Analyse, Planung, Umsetzung und Steuerung, 8., völlig neu bearb. und erw. Aufl., Stuttgart 1995.

Kroeber-Riel, W./Weinberg, P., Konsumentenverhalten, 8. Aufl., München 2003.

Krystek, U./Müller, M., Investor Relations. Eine neue Disziplin nicht nur für das Finanzmanagement, in: Der Betrieb, 46. Jg., Nr. 36/1993, S. 1785–1789.

Lasswell, H. D., The structure and function of communication in society, in: Schramm, W. (Hrsg.), Mass Communications, Urbana 1960.

Marzec, M., Telling the Corporate Story: Vision into Action, Journal of Business Strategy, Vol. 28, Nr. 1/2007, S. 26–36.

Mast, C., Interne Unternehmenskommunikation. Der Dialog mit Mitarbeitern und Führungskräften, in: Zerfaß, A./Piwinger, M. (Hrsg.): Handbuch Unternehmenskommunikation, Wiesbaden 2007, S. 757–776.

Mast, C., Unternehmenskommunikation – ein Leitfaden, 4., neue und erw. Aufl., Stuttgart 2010.

Meckel, M./Schmid, B. F. (Hrsg.), Unternehmenskommunikation: Kommunikationsmanagement aus Sicht der Unternehmensführung, 2., überarb. und erw. Aufl., Wiesbaden 2008.

Mitchell, R. K./Agle, B. R./Wood, D. J., Towards a theory of stakeholder identification and salience. Defining the principles of who and what really counts, in: Academy of Management Review, Vol. 22, Nr. 4/1997, S. 853–886.

Oliver, S., Public Relations Strategy: A Guide to Corporate Communications Management, London 2001.

Piwinger, M./Zerfaß, A. (Hrsg.), Handbuch der Unternehmenskommunikation, Wiesbaden 2007.

Quirke, B., Making the Connections. Using internal communication to turn strategy into action, Aldershot 2002.

Roop, J. J./Lee, S. F., Investor Relations as a Competitive Weapon, in: Journal of Business Strategy, Vol. 9, No. 2/1988, S. 4–8.

Röttger, U. (Hrsg.), PR-Kampagnen. Über die Inszenierung von Öffentlichkeit, 3., überarb. und erw. Aufl., Wiesbaden 2006.

Salzer, E., Investor Relations-Management und IPO-Erfolg, Wiesbaden 2004.

Salzer, E./Schauwecker, D./Wittig, M., From V to X – A new approach to company restructuring in crisis situations, unveröffentlichter Aufsatz, ausgezeichnet mit dem Roland Berger Award, München 1997.

Simon, H., Hidden Champions des 21. Jahrhunderts: Die Erfolgsstrategien unbekannter Weltmarktführer, Frankfurt/New York 2007.

Spencer, T., The Measurement of Public Affairs Effectiveness, 2004, www.publicaffairs.ac.

Szyszka, P., Kommunikation mit dem Kunden: Marken-PR und Produkt-PR als Instrumente der Marktkommunikation, in: Piwinger, M./Zerfaß, A. (Hrsg.), Handbuch der Unternehmenskommunikation, Wiesbaden 2007, S. 741–756.

Van Riel, C. B. M./Fombrun, C. J., Essentials of Corporate Communication, New York 2007.

Watzlawick, P./Beavin, J. H./Jackson, D. D, Menschliche Kommunikation – Formen, Störungen, Paradoxien, Bern 1969.

Wright, M. (Hrsg.), Gower Handbook of Internal Communication, 2nd Edition, Surrey 2009.

Zerfaß, A. et. al., European Communication Monitor 2010. Status Quo and Challenges for Public Relations in Europe. Results of an Empirical Survey in 46 Countries, Brussels, July 2010, www.communicationmonitor.eu.

Zerfaß, A., Unternehmensführung und Öffentlichkeitsarbeit, 2. Aufl., Wiesbaden 2004.